मैं लाजपतराय बोल रहा हूँ

इस श्रृंखला की पुस्तकें

मैं लाजपतराय बोल रहा हूँ

सं. गिरिराजशरण अग्रवाल

प्रकाशक

प्रभात प्रकाशन प्रा. लि.

4/19 आसफ अली रोड, नई दिल्ली–110002

फोन : 011–23289777 • हेल्पलाइन नं. : 7827007777

इ–मेल : prabhatbooks@gmail.com ❖ वेब ठिकाना : www.prabhatbooks.com

संस्करण

2026

मूल्य

तीन सौ रुपए

मुद्रक

श्री साई प्रिंटर्स, साहिबाबाद

———— ★ ————

MAIN LAJPATRAI BOL RAHA HOON (Thus Spake Lala Lajpat Rai)
Ed. Giriraj Sharan Agrawal

Published by **PRABHAT PRAKASHAN PVT. LTD.**
4/19 Asaf Ali Road, New Delhi-110002

ISBN 978-93-90101-40-5

₹ 300.00

मैं इस मंच से यह कहना चाहता हूँ कि हम पर किया गया प्रत्येक प्रहार ब्रिटिश साम्राज्य के ताबूत में एक-एक कील का काम करेगा। हमें कायरतापूर्ण आघात का प्रतिकार करना है—उन पर हिंसक प्रहार करके नहीं वरन् स्वतंत्रता प्राप्त करके। मैं सरकार को यह चेतावनी देना चाहता हूँ कि यदि इस देश में हिंसक क्रांति भड़क उठी तो उसके लिए ब्रिटिश अधिकारी उत्तरदायी होंगे। हम अब भी अपने सिद्धांतों पर अटल हैं तथा शांतिपूर्ण एवं अहिंसात्मक संघर्ष के प्रति प्रतिज्ञाबद्ध हैं। किंतु यदि सरकारी अधिकारियों ने अपना रवैया नहीं बदला तो मुझे आश्चर्य नहीं कि नौजवान काबू से बाहर हो जाएँ और देश की स्वतंत्रता के लिए जैसा चाहें, करने लगें। मैं नहीं जानता कि तब तक मैं जीवित रहूँगा या नहीं, किंतु जीवित रहूँ या न रहूँ, यदि सरकार ने ऐसा दिन आने की नौबत पैदा की तो उन नौजवानों के पीछे खड़ी मेरी आत्मा उनके संघर्ष के लिए उन्हें आशीर्वाद प्रदान करेगी।

लाला लाजपतराय

आदर्शों के प्रति समर्पित

महान् स्वतंत्रता सेनानी, प्रसिद्ध आर्यसमाजी, धार्मिक सद्‌भाव के प्रणेता, संप्रदायवाद के विरोधी तथा राष्ट्र के लिए अपने प्राणों को बलिदान कर देनेवाले क्रांतिकारी नेता लाला लाजपतराय ने कहा था, 'अपने अतीत को ही निहारते रहना व्यर्थ है। जब तक हम उस अतीत पर गर्व करने योग्य भविष्य के निर्माण के लिए कार्य न करें। हम अपने पूर्वजों की हड्डियों पर अपना अस्तित्व कायम नहीं रख सकते। उनकी उपलब्धियों की स्मृति हमको प्रेरणा तो दे सकती है, हमारी आत्माओं को गर्व और शर्म की भावना से भी भर सकती है (गर्व उसकी महानता पर, शर्म उसकी नीचता पर)। अतीत के गौरव का इतिहास हमको आह्लादित भी कर सकता है, परंतु जीवित रहने के लिए और सम्मान के साथ जीवित रहने के लिए हमको वर्तमान समय की संस्थाओं और संस्कृति के शस्त्रागार से सज्जित होकर वर्तमान में ही जीना होगा।'

लालाजी स्वप्नदर्शी नहीं थे। उन्होंने जिन योजनाओं की रूपरेखा बनाई, उन्हें पूर्ण करने के लिए अपना जीवन अर्पित कर दिया।

लालाजी शांतिपूर्ण उपायों से स्वराज्य-प्राप्ति के लिए प्रयत्नशील रहे। लेकिन उन्होंने आतंक और अत्याचार के सामने कभी अपना सिर नहीं झुकाया। उन्होंने स्पष्ट शब्दों में कहा था, 'इसमें संदेह नहीं कि अत्याचार करनेवाला अपराधी होता है, लेकिन वह, जो अत्याचार सहता है, ज्यादा बड़ा अपराधी है। मैं हमेशा कहता हूँ कि यदि हम, दृढ़ निश्चय करके अपने पैरों पर खड़े हो जाएँ तो कोई हम पर अत्याचार नहीं कर सकता, और यदि कोई अत्याचार करने का प्रयास करेगा तो हमारी लाशों पर लगे जख्म घोषणा करेंगे कि हिंसा और जुल्म के दिन हमेशा नहीं रहते।'

लालाजी के लिए स्वाधीनता से अधिक मूल्यवान कोई वस्तु नहीं थी। उन्होंने स्वराज्य-प्राप्ति को नैतिक आवश्यकता के रूप में अनुभव किया। उनका दृढ़ मत था कि

किसी भी विदेशी शासन से पराजित जाति को कोई लाभ नहीं मिलता। सन् 1907 में स्यालकोट में आयोजित एक राजनीतिक सम्मेलन में लालाजी ने कहा था—

'दुनिया का कानून है कि शासक और शासित तथा गुलाम और मालिक में न्याय नहीं होता है। शासक अथवा मालिक जो करता है, वह बात चाहे गलत हो अथवा ठीक, पर हमारे कितने ही स्थानों में 'राजा करे सो न्याय' की कहावत प्रसिद्ध है। स्वाधीनता संसार में सबसे बड़ी चीज है। संसार में सरकार से वही न्याय प्राप्त कर सकता है, जिसे उसके अफसरों को रखने और निकालने का अधिकार प्राप्त हो। जब तक आपको यह अधिकार प्राप्त नहीं होगा तब तक न्याय की आशा व्यर्थ है।'

लालाजी राष्ट्रीय विचारों के प्रणेता थे। उनके लिए पूर्ण स्वराज्य आदर्श भी था और धर्म भी। अपने आदर्श की पूर्ति के लिए उन्होंने प्रार्थना-पत्रों की राजनीति को सदा के लिए मुक्ति दे दी थी। उन्होंने जिस स्वराज्य की कल्पना की थी, वह ब्रिटिश शासन में रहकर संभव नहीं था। वे पृथक् एवं स्वतंत्र राज्य के समर्थक थे, जिसके प्रत्येक कार्य को उसके नागरिक स्वयं संपन्न करते हों। लालाजी का मत था कि दो असमान जातियों में कभी मेल नहीं हो सकता। विदेशी शासन सदैव झूठ पर अवलंबित होता है और शक्ति के सहारे अपनी बात मनवाने का प्रयास करता है।

लालाजी मानते थे कि अपने अपमानों से मुक्ति पाने के लिए पराधीन जाति को बराबरी का संघर्ष करना चाहिए। सच्ची मित्रता के लिए बराबरी भी एक धन है। उन्होंने कहा था, 'जब तक कोई जाति अपने को किसी के बराबर न बना ले, तब तक उसके साथ पक्की दोस्ती नहीं रह सकती और यह लोग हमें बराबर बनने नहीं देते। जिस तरह अंग्रेज मित्रता रखते हुए भी अपने जातीय अधिकारों को नष्ट नहीं होने देते, उसी तरह हमको भी दोस्ती रखते हुए अपने जातीय अधिकारों को लेना चाहिए। इंपीरियल जाति का नियम है कि वे शासितों पर दो प्रकार से शासन करते हैं—(अ) बल से और (ब) चापलूसी से। जो देश के अधिक लोगों को अपने में मिला लेते हैं उनके वास्ते यह पॉलिसी ठीक है, किंतु शासितों को चाहिए कि वे उनसे न तो बहुत डरें और न चापलूसी में आएँ और अपने कर्तव्यों का सदा ध्यान रखें।'

सामाजिक जीवन में फैली हुई निराशा और विकृत मनोवृत्तियों को समाप्त करने के उद्‌देश्य से लालाजी ने आर्यसमाज का आश्रय ग्रहण किया। उनके समय में समाज का एक बहुत बड़ा वर्ग अस्पृश्यता का शिकार था। लालाजी ने इस बात को कभी उचित नहीं माना कि समाज का एक वर्ग सामाजिक चेतना और सामाजिक सुख से वंचित कर दिया

जाए। उन्होंने नागरिकों को समानता के अधिकार दिलाने के उद्देश्य से दलितोद्धार के लिए निरंतर संघर्ष किया।

इसी प्रकार लालाजी ने स्त्री जाति के प्रति सामाजिक अन्याय का डटकर विरोध किया। निश्चय ही उनमें समाज के इस निर्बलतम अंग के प्रति वास्तविक सहानुभूति के भाव भरे हुए थे, जो उनकी वाणी और उनकी क्रियाओं से व्यक्त हुए हैं। नारी को समाज की शक्ति और निर्माता बताते हुए लालाजी ने कहा था, 'समुदाय की सबसे बड़ी आवश्यकता है समुदाय की माताओं की यथासंभव सर्वोत्तम देखभाल करना। एक हिंदू के लिए नारी लक्ष्मी, सरस्वती और शक्ति का मिश्रित रूप है। इसका अर्थ यह है कि वह उस सभी की नींव है, जो सुंदर है, वांछनीय है और शक्ति-प्रदाता है। किसी जाति की माताएँ उसकी निर्मात्री होती हैं, और जब तक उनकी दशा स्वस्थ नहीं होगी, जाति की दशा नहीं सुधर सकती। किसी सामाजिक या राजनीतिक इकाई की दक्षता और समृद्धि में उसकी स्त्रियों की दक्षता और ऐश्वर्य प्रतिबिंबित होना चाहिए।'

लालाजी श्रमिक को अनावश्यक रूप से शोषित किए जाने के कड़े विरोधी थे। वे बेगार को कानूनी आधार पर बंद करवाना चाहते थे। उन्होंने शोषण को किसी रूप में स्वीकार नहीं किया, ये शोषण चाहे ब्रिटिश शासन का हो अथवा सबल जाति का निर्बल के प्रति। वे चाहते थे कि भेदभाव की हर दीवार मानसिक और भौतिक दोनों ही स्तरों पर समाप्त की जानी चाहिए। वे मानते थे कि संसार के सभी श्रमजीवियों के हित एक समान हैं, इसलिए उन्हें संगठित होकर अपने हितों के लिए संघर्ष करना चाहिए। उनका विचार था कि 'संसार सच्चे रूप से प्रजातांत्रिक तभी बन सकता है, जब श्रम को उसके उचित स्थान पर आसीन किया जाएगा। वर्तमान स्थिति असभ्यतापूर्ण है। धन के उत्पादक राष्ट्र में सबसे गरीब, सबसे पिछड़े और सबसे अधिक दयनीय दशावाले मनुष्य हैं। यदि यूरोपीय सभ्यता में कोई ऐसी चीज है जिसका हमें किसी भी दशा में अनुकरण नहीं करना है तो वह है उनका पूँजीगत आर्थिक जीवन और उनका उद्योगवाद, उनकी व्यावसायिकता और वर्ग-विभाजन।'

लालाजी श्रम को उचित मान-सम्मान देने के समर्थक थे, किंतु उन्होंने 'श्रमिक वर्ग के अधिनायकवाद' का कभी समर्थन नहीं किया। उन्होंने स्पष्ट शब्दों में कहा था, 'न तो मैं साम्यवादी हूँ और न मेरी साम्यवादी सिद्धांतों में अधिक आस्था है।' उन्होंने औद्योगिक क्रांति के साथ-साथ विकेंद्रित अर्थव्यवस्था का समर्थन किया, जिसमें शोषण की संभावना नगण्य ही होती है।

लालाजी ने आर्थिक कठिनाइयों से जूझते हुए शिक्षा ग्रहण की थी। वे प्रचलित शिक्षा से और उसके उद्देश्य तथा नीतियों से सहमत नहीं थे। भारतीय-शिक्षा में आवश्यक सुधार लाने के लिए उन्होंने इंग्लैंड, अमेरिका और जापान की शिक्षा-पद्धतियों का विशेष रूप से अध्ययन किया। शिक्षा को उन्होंने सामाजिक प्रश्न के रूप में स्वीकार किया और उसी रूप से उसे हल करने का प्रयास भी किया। वे शिक्षा को एक सामाजिक कार्य मानते थे। उनकी दृष्टि में शिक्षा का उद्देश्य था—जीवन की उन्नति, और उन्नति भी ऐसी जो सदा होती रहे, उसमें कोई रोक-टोक न हो और वह अनंत हो।

लालाजी शिक्षा को राष्ट्रीय स्वरूप देना चाहते थे। उनके अनुसार शिक्षा का प्रथम उद्देश्य स्वतंत्रता की अनुभूति कराना होना चाहिए। इस अनुभूति से वह राष्ट्रीय गौरव को जीवित करने के समर्थक थे। उनका विचार था कि भारत के नागरिकों का ध्येय जापानी या अमेरिकी बनना नहीं है, उनका उद्देश्य तो सच्चा भारतीय बनना है।

लालाजी का पारिवारिक जीवन धार्मिक सद्भाव से ओत-प्रोत था। उनके पिता इसलाम धर्म के प्रति आसक्त थे तो उनकी माता सिख धर्म की कट्टर अनुयायी थीं, जबकि उन्होंने आर्यसमाज को अपनी धार्मिक निष्ठा समर्पित की। वैदिक रीतियों और परंपराओं के प्रति उनके मन में अगाध श्रद्धा थी। उन्होंने धर्म को अथवा धार्मिक संगठन को संकीर्ण भाव से स्वीकार नहीं किया। एक ओर उन्होंने हिंदुत्व की रक्षा पर बल दिया तो दूसरी ओर मुसलमानों के प्रति अपना सद्भाव बनाए रखा। हिंदू-मुसलिम एकता का समर्थन लालाजी ने इस आधार पर किया कि हमारा धर्म भले ही भिन्न हो, हम एक ही पृथ्वी और एक ही आकाश के नीचे रहते हैं, हमारी प्रजाति और परंपरा एक है।

लालाजी ने अपने जीवन में कोरे आदर्शवाद को ही स्वीकार नहीं किया वरन् अपने विचारों को मूर्तरूप देकर कर्मपथ का निर्माण भी किया।

डॉ. वीरेंद्र शर्मा के शब्दों में, 'सच्चे देशभक्त और राष्ट्रवादी के रूप में उन्होंने अपने जीवन को संकुचित मनोवृत्ति से मुक्त करके स्वदेश को समर्पित कर दिया। इस समर्पण में निर्भीक देशभक्त की स्वदेशी के प्रति सच्ची भावना मुखरित होती है। लालाजी ने संघर्षपूर्ण जीवन को, निर्धन परिवार को, विपन्न भारत माता को अपने पौरुष से अलंकृत किया। उन्हें न सत्ता का मोह था और न शासन से भय। उन्होंने अपने जीवन से बलिदानों का इतिहास लिखा था।'

ऐसे महान् राजनीतिज्ञ, समाज-सुधारक, विचारक, स्वराज्य के उद्घोषक, आदर्शों के प्रति निष्ठावान् और सांप्रदायिक एकता के समर्थक, लाला लाजपतराय की चिंतन-धारा

से अपने देश की युवा पीढ़ी को परिचित कराने का शुभ-संकल्प लेकर यह संकल्प युवा पीढ़ी को परिचित कराने का शुभ-संकल्प लेकर यह संकलन युवा पीढ़ी को समर्पित है।

लालाजी का अधिकांश साहित्य और उनके भाषण अंग्रेजी भाषा में ही उपलब्ध हो सके। इनके चयन और अनुवाद-कार्य में मेरे अनन्य मित्र श्री वी.पी. गुप्ता ने मुझे विशेष सहयोग प्रदान किया है, उनके प्रति मैं विशेष रूप से आभारी हूँ।

—गिरिराजशरण अग्रवाल

लाला लाजपतराय : जीवन-परिचय

मूर्तिमान देशभक्त, यथार्थवादी राजनीतिज्ञ, दलितों के मसीहा, धार्मिक सहिष्णुता के प्रतीक, शिक्षा एवं संस्कृति के प्रचारक लाला लाजपतराय का व्यक्तित्व अनेक महनीय गुणों से मंडित था। वे केवल राजनेता ही नहीं जनसेवक, समाज सुधारक, बुद्धिजीवी का निर्भीक वक्ता भी थे। उनके इन्हीं गुणों से प्रभावित होकर महात्मा गांधी ने कहा था—

'लाजपतराय तो एक संस्था थे। अपनी जवानी के समय से ही उन्होंने देशभक्ति को अपना धर्म बना लिया था। उनके देश-प्रेम में संकीर्णता न थी। वह अपने देश से इसलिए प्रेम करते थे कि वह संसार से प्रेम करते थे। उनकी राष्ट्रीयता अंतरराष्ट्रीयता से भरपूर थी। उनकी सेवाएँ विविध थीं। वे बड़े ही उत्साही समाज और धर्म के सुधारक थे। ऐसे एक भी सार्वजनिक आंदोलन का नाम लेना असंभव है, जिसमें लालाजी शामिल न थे, सेवा करने की उनकी भूख सदा अतृप्त थी।'

ऐसे महान् राष्ट्र-चिंतक का जन्म जगराँव (जिला फिरोजपुर, पंजाब) से पाँच मील की दूरी पर स्थित ढुँडेके गाँव में 28 जनवरी, 1865 को हुआ। जन्म देने के कुछ दिनों बाद उनकी माँ गुलाबदेवी रोपड़ आ गईं, जहाँ पर लालाजी के पिता मुंशी राधाकिशन राजकीय मिडिल स्कूल में काम करते थे। उन दिनों रोपड़ में मलेरिया फैला हुआ था, अतः बालक लाजपतराय को बचपन में ही इस रोग का सामना करना पड़ा।

लालाजी के परिवार में अद्‌भुत धर्म-समन्वय था। उनके दादा जैन-धर्म को मानते थे, पिता इसलाम से प्रभावित थे, माँ सिख धर्म की अनुयायी थीं। अतः बालक लाजपत पर इस सबका प्रभाव पड़ना स्वाभाविक ही था।

लाजपतराय की शिक्षा उनके पिता की देख-रेख में प्रारंभ हुई और उनका नाम राजकीय मिडिल स्कूल, रोपड़ में लिखाया गया। मेधावी पिता की मेधावी संतान लाजपतराय प्रायः कक्षा में प्रथम आते थे। तेरह वर्ष की अवस्था में उन्होंने इस विद्यालय

से छठी कक्षा उत्तीर्ण की। इसके पश्चात् उनके पिता का स्थानांतरण शिमला के लिए हो गया। महँगा शहर होने के कारण राधाकिशन अपने परिवार को साथ में नहीं ले गए और उन्होंने अपने पुत्र को आगे के अध्ययन के लिए लाहौर भेज दिया। इस बीच वे लंबे समय तक अस्वस्थ रहे। लगातार अस्वस्थ रहने पर भी उन्होंने सन् 1880 में पंजाब और कलकत्ता दोनों विश्वविद्यालयों से मैट्रिक परीक्षा एक साथ उत्तीर्ण की। दोनों विश्वविद्यालयों से परीक्षा देने का कारण यह था कि तब कलकत्ता विश्वविद्यालय की परीक्षा उन्होंने प्रथम श्रेणी में उत्तीर्ण की।

उनके पिता की आर्थिक स्थिति अति सामान्य थी, फिर भी उनको उच्च शिक्षा के लिए लाहौर भेजा गया, जहाँ उन्हें विश्वविद्यालय राजकीय कॉलेज में प्रवेश मिल गया। यहाँ उन्होंने इंटरमीडिएट के साथ मुख्तारी की परीक्षा की तैयारी भी की।

कॉलेज-जीवन में उन्हें असामान्य आर्थिक कठिनाइयों का सामना करना पड़ा, किंतु सादगीपूर्ण रहन-सहन के कारण ये कठिनाइयाँ उन्हें विचलित न कर सकीं।

लालाजी का विवाह मिडिल परीक्षा उत्तीर्ण करने से पूर्व ही 13 वर्ष की अवस्था में हो गया था। उनकी पत्नी राधादेवी हिसार के एक अग्रवाल परिवार की कन्या थीं। अल्पायु में विवाह हो जाने पर विवाह के कई वर्ष बाद पति-पत्नी को साथ-साथ रहने का अवसर प्राप्त हुआ। उनका गृहस्थ जीवन यद्यपि सुमधुर नहीं था, किंतु उसे कलहपूर्ण भी नहीं कहा जा सकता।

सन् 1882 में मुख्तारी की परीक्षा उत्तीर्ण करने के पश्चात् उन्हें अपने गाँव जगराँव में ही मुख्तारी का काम करना पड़ा, क्योंकि घर की आर्थिक स्थिति ठीक नहीं थी! शीघ्र ही जगराँव से उनका मन ऊब गया। उनके पिता रोहतक में कार्यरत थे, अत: वे वहाँ जाकर मुख्तारी करने लगे। सन् 1883 में वे वकालत की परीक्षा में बैठे, किंतु असफल हो गए। अपनी असफलताओं से भी वे हताश नहीं हुए और तीसरी बार सन् 1885 में उन्होंने वकालत की परीक्षा उत्तीर्ण की।

वकालत की अपेक्षा वे किसी विद्यालय में अध्यापक का काम करना चाहते थे। उनकी व्याकुल मन:स्थिति को देखकर मित्रों ने परामर्श दिया कि वकील बनकर ही वह सरलता से देश-सेवा कर सकेंगे, अत: वे वकालत-हेतु फिर से रोहतक चले गए।

वकालत करते हुए समाज व देश की सेवा करना कठिन नहीं था, किंतु रोहतक में वकालत करने में उनका मन अधिक न लगा। शायद यहाँ उन्हें अधिक सफलता नहीं मिली। सन् 1886 में वे किसी मुकदमे के संबंध में हिसार गए। यह स्थान उन्हें अधिक उपयुक्त लगा और उन्होंने यहाँ वकालत करने का फैसला कर लिया। यहाँ निरंतर छह वर्ष तक वकालत करने पर उन्हें वैचारिक परिपक्वता के साथ राजनीति एवं आर्यसमाज के कामों में प्रवेश का अवसर प्राप्त हुआ।

यद्यपि लालाजी की गणना उच्च न्यायालय के सफल वकीलों में होने लगी थी, किंतु वे वकालत को अपने विचारों के मार्ग में बाधक पा रहे थे, क्योंकि एक सफल वकील के लिए आवश्यक है कि वह सभी प्रकार के क्रिया-कलापों का परित्याग करके केवल इसी व्यवसाय में तल्लीन रहे, जबकि वे समाज-सेवा, देश-सेवा और साहित्य-सर्जना को अपनी प्रतिभा के अनुकूल और अनिवार्य समझते थे। वकालत को उन्होंने अपनी गार्हस्थिक परिस्थितियों के कारण अपनाया था, जबकि सार्वजनिक कार्य उनकी रुचि के अनुकूल थे। अंततः सन् 1898 में लाहौर आर्यसमाज के वार्षिकोत्सव पर उन्होंने घोषणा कर दी कि भविष्य में वे वकालत के काम में कमी करते जाएँगे और शिक्षा संस्थाओं, आर्यसमाज तथा देश की सेवा में अपना अधिक-से-अधिक समय लगाएँगे।

दो वर्ष बाद उन्होंने यह भी निश्चित कर लिया कि वकालत से होनेवाली आय को वे सार्वजनिक हित में व्यय कर देंगे।

राजनीति में प्रवेश

सन् 1886 में हिसार नगरपालिका के चुनाव हुए। इसमें लालाजी भी प्रत्याशी बने। वे जिस वार्ड से प्रत्याशी बने थे, उसमें मुसलमानों का बहुमत था। वार्ड के लोग जब लालाजी के नाम का प्रस्ताव लेकर डिप्टी-कमिश्नर के पास गए तो उसे बड़ा आश्चर्य हुआ। उसने मुसलमानों के निश्चय को बदलने का यथासंभव प्रयत्न किया, किंतु उसे सफलता नहीं मिली। लालाजी निर्विरोध चुने गए और इस प्रकार उन्होंने राजनीतिक जीवन में प्रवेश किया।

सन् 1888 में इलाहाबाद में कांग्रेस का अधिवेशन हुआ। पंजाब से इस अधिवेशन में भाग लेने के लिए लालाजी भी इलाहाबाद पहुँचे। वस्तुतः इस अधिवेशन में भाग लेकर लाला लाजपतराय का कांग्रेस में पदार्पण हुआ। सन् 1889 के बंबई अधिवेशन में भी वे पहुँचे। इसके बाद के तीन अधिवेशनों में उन्होंने भाग नहीं लिया, क्योंकि उन्होंने अनुभव किया कि कांग्रेस के नेताओं को देशहित की अपेक्षा अपने नाम तथा शान की अधिक चिंता रहती है। सन् 1893 का अधिवेशन लाहौर में ही हुआ। लालाजी ने इस अधिवेशन में दो-तीन व्याख्यान दिए। लालाजी तथा उनके मित्रों को कांग्रेस के लिए संविधान की आवश्यकता अनुभव हुई, किंतु इस समय उन्हें इस कार्य में सफलता नहीं मिल सकी।

सन् 1904 में कांग्रेस के बंबई अधिवेशन में भी लालाजी ने कांग्रेस का संविधान बनाने का अनुरोध किया, किंतु अधिवेशन के अध्यक्ष श्री फिरोजशाह मेहता ने उनके इस अनुरोध को महत्त्व न देकर उन्हें शांत कर दिया। अधिवेशन समाप्त होने पर उन्होंने

दक्षिण भारत के कई महत्त्वपूर्ण स्थानों के दर्शन किए। इसी यात्रा में उनकी भेंट बहिन निवेदिताजी से भी हुई। इस भेंट के विषय में लालाजी ने लिखा है—

'मार्ग में उनके मुख से मैंने जो बातें सुनीं, उन्हें मैं कभी नहीं भूल सकता। वह ब्रिटिश राज्य से अत्यंत घृणा करती थीं और उन्हें भारतवासियों से बड़ा प्रेम था। राजनीति में उनके वही सिद्धांत थे, जिनकी व्याख्या मैजिनी ने की थी।'

बंबई अधिवेशन में निर्णय लिया गया था कि ब्रिटिश संसद् के आगामी चुनाव में प्रचार हेतु कांग्रेस का एक शिष्टमंडल इंग्लैंड भेजा जाए। गोखले महोदय ने इच्छा प्रकट की कि शिष्टमंडल में लाला लाजपतराय को भी भेजा जाए। शिष्टमंडल 1905 में भेजा जाना था, इस बीच इंग्लैंड में चुनाव स्थगित हो गए, किंतु लालाजी जाने की पूरी तैयारी कर चुके थे, अत: उन्होंने रुकना उचित न समझा। कुछ दिन पूना में रहने के बाद वह 10 जून, 1905 को इंग्लैंड पहुँच गए। लंदन में उनकी भेंट श्यामजी कृष्ण वर्मा से हुई जो वहाँ पर 'इंडिया हाउस' का संचालन करते थे। इंडिया हाउस इंग्लैंड में अध्ययनरत विद्यार्थियों का आकर्षण केंद्र था। लगभग एक महीने तक लालाजी ने इंग्लैंड तथा स्काटलैंड के गाँवों में भ्रमण किया और भारत के संबंध में अनेक व्याख्यान दिए।

श्यामजी कृष्ण वर्मा के माध्यम से लालाजी का परिचय उग्र दल के कुछ सदस्यों से भी हुआ। 26 अक्तूबर, 1905 में वाइसराय लार्ड कर्जन ने बंगाल के दो टुकड़े कर दिए। यह विभाजन सांप्रदायिकता के आधार पर किया गया था। 30 नवंबर को लालाजी ने भारत के लिए प्रस्थान किया। भारत पहुँचने पर उनका अपूर्व सम्मान हुआ। विद्यार्थी रेलवे स्टेशन से उनकी गाड़ी स्वयं खींचकर ले गए। आर्यसमाज के वार्षिक उत्सव में उनके भाषण के अवसर पर अपार जनसमूह एकत्र था। अपने भाषण के अंत में उन्होंने कहा, 'मुझे भारत के राष्ट्रीय आकाश से रक्त की वर्षा होती दिखाई दे रही है। प्रकट में तो आकाश निर्मल दिखाई देता है, लहू के छोटे-छोटे टुकड़े तो दृष्टिगोचर हो रहे हैं।'

बंग-विभाजन का विरोध सारे देश में हो रहा था। इस वातावरण में लालाजी के ओजस्वी भाषणों से गुप्तचर विभाग आशंकित हो उठा।

दिसंबर 1905 में बनारस में कांग्रेस का अधिवेशन हुआ। इसी समय प्रिंस ऑफ वेल्स भारत-यात्रा पर आए। कांग्रेस अधिवेशन के नरम दल ने उनके स्वागत का प्रस्ताव रखा। लालाजी ने इसका विरोध किया। श्री गोपालकृष्ण गोखले द्वारा समझाए जाने पर उन्होंने प्रत्यक्ष विरोध तो नहीं किया, किंतु प्रस्ताव के समय वे अधिवेशन में उपस्थित नहीं हुए। अधिवेशन के अंतिम दिन उन्हें बोलने के लिए मात्र पाँच मिनट का समय दिया गया, किंतु जब उन्होंने बोलना आरंभ किया तो सब मंत्रमुग्ध भाव से उन्हें सुनते रहे और बीस मिनट तक लगातार बोलने पर भी कोई उन्हें चुप कराने का साहस न जुटा सका।

इस अवसर पर उन्होंने कहा—

'यदि तुमने सचमुच वीरता का जामा पहन लिया है तो तुम्हें सब प्रकार की कुरबानी के लिए तैयार रहना चाहिए। अपने को परदे में न रखो। कायर मत बनो। मरते दम तक अपने पुरुषत्व का प्रमाण दो। अपने को यशस्वी बनाओ। क्या यह कम शर्म की बात है कि कांग्रेस अपने इक्कीस साल के इतिहास में ऐसे राजनीतिक संन्यासी नहीं पैदा कर सकी, जो देश के उद्धार के लिए सिर-धड़ की बाजी लगाने के लिए तैयार हों।'

कांग्रेस के मंच से इस प्रकार का भाषण देना अपने आप में साहस का काम था। भाषण की शाम को रोमेशचंद्र दत्त ने लालाजी के पास संदेश भिजवाया कि उनका भाषण इस अधिवेशन का सर्वोत्तम भाषण था। इसी भाषण से कांग्रेस में गरम दल की नींव पड़ी।

सन् 1906 के अंत में कांग्रेस का वार्षिक अधिवेशन कलकत्ता में आयोजित किया गया। इस अवसर पर गरम दल की लोकप्रियता से नरम दल के नेता घबराए हुए थे। कांग्रेस के इस अधिवेशन में पहली बार 'स्वराज्य' शब्द का प्रयोग किया गया और विदेशी सामान के बहिष्कार तथा राष्ट्रीय शिक्षा पर प्रस्ताव पारित किए गए। तिलक ने नई नीति की घोषणा की, परिणामस्वरूप कांग्रेस की चाटुकारिता के स्थान पर आत्मनिर्भरता, संघर्ष एवं त्याग-भावना का समावेश हुआ। लाला लाजपतराय, लोकमान्य तिलक तथा विपिनचंद्र पाल की त्रिमूर्ति इस नई विचारधारा की जनक बनी।

बंगाल के विभाजन के कारण उत्पन्न जन-असंतोष अभी कम नहीं हुआ था कि पंजाब में भूमिकर तथा जलकर में वृद्धि कर दी गई। इस घटना ने आग में घी का काम किया। सन् 1907 में पंजाब में इस असंतोष ने किसान आंदोलन का रूप धारण कर लिया। इस आंदोलन के मुख्य केंद्र लायलपुर तथा रावलपिंडी थे। मार्च 1907 के अंत में लायलपुर के जमींदारों ने लालाजी को आमंत्रित किया। 21 अप्रैल को लालाजी अपने कुछ साथियों के साथ लायलपुर पहुँचे। किसानों की सभाओं में प्रमुख वक्ताओं ने अपने विचार रखे। लालाजी के विचारों से जनता का मनोबल बढ़ रहा था तो दूसरी ओर अंग्रेज सरकार की बेचैनी बढ़ रही थी। सरकार किसी भी प्रकार उन्हें देशनिकाला देना चाहती थी। तभी उन्होंने अपने पिता को पत्र में लिखा—'चाहे जो भी आपत्ति मुझ पर आ पड़े, आप कदापि अधीर ना हों।… शासकों की कार्यवाहियों की आलोचना करना आग से खेलना है।…कृपया मुझे इस बात का विश्वास दिलाएँ कि मेरी गिरफ्तारी से आप बिलकुल नहीं घबराएँगे।'

अंततः वह दिन भी आ पहुँचा। 9 मई, 1907 को वे किसी कार्य से उच्च न्यायालय जाना चाहते थे। उन्हें सूचना मिली कि दो सिपाही आए हैं। लालाजी बाहर आए। उन्हें बताया गया कि कमिश्नर और डिप्टी कमिश्नर किसी आवश्यक कार्य से

उनसे मिलना चाहते हैं। लालाजी ने सोचा कि शायद वर्तमान दंगों को शांत करने के लिए होनेवाली किसी बैठक के लिए आमंत्रण होगा। वे अपनी गाड़ी से ही कमिश्नर से मिलने चल दिए। गाड़ी पुलिस कार्यालय पहुँची। वहाँ जाते ही कमिश्नर यंग हसबैंड ने बताया कि उन्हें रेग्यूलेशन 1818 के अधीन गवर्नर जनरल इन कौंसिल के वारंट द्वारा निर्वासन का दंड मिला है।

निर्वासन का दंड सुनाए जाने पर उन्हें बताया गया कि उन्हें कहीं ले जाया जा रहा है। यदि वे किसी से मिलना चाहें तो उसे यहीं बुलाया जा सकता है। लालाजी ने किसी से मिलने के लिए मना कर दिया। उन्होंने अपने पुत्र प्यारेलाल को एक पत्र लिखा, जिसमें घरेलू बातों के अतिरिक्त कुछ सामान पुलिस द्वारा भिजवाने का उल्लेख था।

उन्हें मांडले ले जाया गया। 16 मई, 1907 को वे मांडले पहुँचे। स्टेशन पर पूरी सतर्कता रखी गई थी, और वहाँ से सभी व्यक्तियों को हटा दिया गया था। वे मांडले की ऐतिहासिक जेल में पहुँचे, जहाँ उनके कारावास-जीवन का नया अध्याय आरंभ हुआ।

निर्वासन के लिए लालाजी की गिरफ्तारी का कोई स्पष्ट कारण नहीं बताया गया था। गिरफ्तारी के वारंट में मात्र इतना उल्लेख था कि 'महामहिम सम्राट् के राज्य में गड़बड़ी को रोकने के लिए लालाजी को गिरफ्तार किया गया है।' इस पर लालाजी ने 29 जून, 1907 को वायसराय को गिरफ्तारी का औचित्य सिद्ध करने के लिए प्रार्थनापत्र दिया। ब्रिटिश संसद् में भी इस विषय पर प्रश्न उठा। 13 मई, 1907 को डॉ. रदरफोर्ड ने ब्रिटिश संसद् में भारतमंत्री माले से पूछा, 'क्या भारतीय एक्ट भारत के वायसराय को सम्राट की किसी प्रजा को गिरफ्तार करने, उसे एक प्रांत से दूसरे प्रांत में भेज देने, उसे कैद करने, उस पर मुकदमा चलाए बिना आजीवन बंदी रखने का अधिकार प्रदान करता है ?'

लाजपतराय का निर्वासन मार्ले को बहुत महँगा पड़ा। उदार दल के पोषक के रूप में उनकी ख्याति समाप्त हो गई और उन्हें धारा सभा छोड़नी पड़ी।

11 नवंबर, 1907 को मांडले के कमिश्नर द्वारा उन्हें मुक्ति की सूचना दी गई और 18 नवंबर 1907 को अनिवार्य औपचारिकताओं के बाद उन्हें लाहौर ले जाकर रिहा कर दिया गया।

बिना अपराध सुनाए निर्वासन का दंड दिया जाना एक अभूतपूर्व घटना थी। अंग्रेजी सरकार के इस व्यवहार से भारतीय जनता में काफी आक्रोश था। इस आक्रोश की अभिव्यक्ति स्थान-स्थान पर जनसभाओं के रूप में हुई, अत: मांडले से लौटने पर लालाजी की ख्याति और अधिक बढ़ गई। उनका सम्मान एक विजयी सैनिक के रूप में किया गया।

उनके निर्वासनकाल में कई समाचार-पत्रों ने उनके विषय में अनर्गल और निराधार

प्रचार किया था। इनमें कलकत्ता से प्रकाशित 'इंगलिश मैन' तथा लंदन से प्रकाशित 'डेली एक्सप्रेस' मुख्य थे। लालाजी ने दोनों पत्रों पर मानहानि का मुकदमा दायर किया और पत्रों को हर्जाने के रूप में उन्हें एक बड़ी रकम देनी पड़ी।

सन् 1907 का वर्ष कांग्रेस के इतिहास में विशेष रूप से उल्लेखनीय वर्ष रहा है। गरम दल के सदस्य चाहते थे कि सूरत अधिवेशन की अध्यक्षता लाला लाजपतरायजी करें। किंतु नरम दल के विरोध के बाद उन्होंने अपना नाम वापस ले लिया। तिलक के साथ अशोभनीय घटनाएँ घटीं, परिणामतः कांग्रेस का विभाजन हो गया। विभाजन के बाद भी लालाजी कांग्रेस से अलग नहीं हुए। सन् 1914 में राजद्रोह के अभियोग में उनकी गिरफ्तारी की पुनः संभावना बढ़ रही थी, इस स्थिति में जेल जाने की अपेक्षा वे 1914 में इंग्लैंड चले गए और निरंतर पाँच वर्ष तक विदेश में ही रहे। इसी काल में उन्होंने अमरीका और जापान की यात्रा भी की।

पाँच वर्ष की दीर्घ अवधि के बाद जब वे भारत लौटे तो प्रथम महायुद्ध के बादल छँट चुके थे। सन् 1916 में कांग्रेस के गरम और नरम दोनों दल पुनः मिल गए थे। सन् 1920 में लालाजी को कलकत्ता कांग्रेस का अध्यक्ष निर्वाचित किया गया।

सन् 1920 में उन्होंने अखिल भारतीय मजदूर संघ कांग्रेस के प्रथम अधिवेशन का सभापतित्व किया। उन्होंने श्रमिकों की स्थिति सुधारने का जोरदार समर्थन किया। इसी वर्ष कांग्रेस का नियमित अधिवेशन नागपुर में हुआ। इसी अधिवेशन में कांग्रेस कार्यकारिणी ने एक वर्ष के भीतर स्वराज्य प्राप्त करने का प्रस्ताव भी रखा। इसके लिए कांग्रेस ने सविनय अवज्ञा आंदोलन को गति देने का निश्चय किया। लार्ड कैनिंग ने इसे खुले विद्रोह के रूप में स्वीकार किया। अन्य नेताओं के साथ ही सन् 1921 में उन्हें गिरफ्तार कर लिया था। उन्हें एक वर्ष के कठोर कारावास का दंड मिला। कुछ समय बाद उन्हें मुक्त कर दिया गया, किंतु किसी अन्य धारा के अंतर्गत उन्हें पुनः बंदी बना लिया गया।

सन् 1923 में उनके पिता का स्वर्गवास हो गया, लेकिन बंदी होने के कारण वे अपने पिता के अंतिम दर्शनों से वंचित रह गए। इस बात का मानसिक आघात उनकी अस्वस्थता का कारण बना, उन्हें तपेदिक हो गई। चिकित्सा का भी उन पर कोई प्रभाव नहीं पड़ा, परिणामस्वरूप 16 अगस्त, 1923 को स्वास्थ्य के आधार पर उन्हें मुक्त कर दिया गया।

जेल से मुक्त होने के बाद पंजाब के स्वराज्य दल के सदस्य उन्हें धारा सभा में भेजने के पक्ष में थे। दिसंबर 1925 में रायजादा हंसराज के त्यागपत्र देने के बाद लाला लाजपतराय को धारा सभा के लिए निर्वाचित किया गया।

जुलाई 1925 में उन्होंने 'पीपुल' साप्ताहिक प्रकाशित किया। लालाजी इसे

उच्चस्तरीय पत्र बनाना चाहते थे। वे स्वयं इसके संपादक बने। इस पत्र के प्रभाव का अनुमान इसी से लगाया जा सकता है कि इसमें प्रकाशित लेखों की सामग्री को अन्य पत्र भी अपने लेखों में प्रकाशित करते थे।

महाप्रयाण

देश में सांप्रदायिक दंगों का नग्न तांडव चल रहा था। देश के प्रबुद्ध नेता इस समस्या के समाधान को खोजने में लगे थे। किंतु इसी बीच जॉन साइमन की अध्यक्षता में एक कमीशन के भारत आने की सूचना नेताओं को दी गई। सभी दलों ने इस कमीशन के बहिष्कार का निर्णय लिया। 17 नवंबर, 1927 को लालाजी ने साइमन कमीशन के बहिष्कार के संबंध में 'पीपुल' में एक लेख लिखा। जनता के विरोध के बावजूद कमीशन ने अपनी यात्रा जारी रखी और 30 अक्तूबर, 1928 को कमीशन पंजाब में प्रविष्ट हुआ। निर्धारित समय पर बहिष्कारकर्ताओं का जुलूस लाहौर रेलवे स्टेशन पहुँच गया। इस जुलूस का नेतृत्व लालाजी कर रहे थे। स्टेशन पर पुलिस का भारी प्रबंध था। भीड़ को देखकर पुलिस ने उसे हटाना उचित समझा। शांत जुलूस पर लाठी-प्रहार आरंभ कर दिया। पुलिस अधीक्षक स्कॉट तथा सहायक अधीक्षक सांडर्स भी लाठियाँ बरसा रहे थे। इतने में सांडर्स की एक लाठी लालाजी पर पड़ी। उनका छाता टूट गया। फिर कई प्रहार उनके कंधों पर हुए। उन्होंने गर्जना करते हुए लाठी चलानेवाले अधिकारी से उसका नाम भी पूछा। रक्तरंजित हो जाने पर भी वे गिरे नहीं।

इस प्रदर्शन की शाम को लाहौर के मोरी दरवाजे पर पुलिस के विरोध में एक सभा आयोजित की गई। घायल लालाजी ने गरजते हुए कहा, 'जो सरकार निहत्थी जनता पर इस प्रकार जालिमाना हमले करती है, उसे तहजीबयाफ्ता सरकार नहीं कहा जा सकता और ऐसी सरकार कायम नहीं रह सकती। मैं आज चैलेंज करता हूँ कि इस सरकार की पुलिस ने मुझ पर जो वार किया है, वह एक दिन इस सरकार को ले डूबेगा।' उन्होंने पुलिस उपाधीक्षक को भी स्पष्ट रूप से सुनाने के लिए कहा, 'मैं घोषणा करता हूँ कि मुझ पर जो लाठियाँ पड़ी हैं, वह भारत में अंग्रेजी राज्य के ताबूत की अंतिम कीलें सिद्ध होंगी।'

30 अक्तूबर को चिकित्सकों ने उनका स्वास्थ्य-परीक्षण किया। चोटों का उनके शरीर पर अनिष्टकर प्रभाव पड़ा। उन्होंने अपनी चोटों को गंभीरता से नहीं लिया और तीन-चार नवंबर को उन्होंने दिल्ली में कांग्रेस अधिवेशन में भाग लिया, किंतु उन्हें बीच अधिवेशन से ही वापस लौटना पड़ा।

16 नवंबर, 1928 की शाम तक लालाजी मित्रों एवं परिचितों से मिलते रहे और 17 नवंबर की प्रात: वे चिरनिद्रा में सो गए।

उनके महाप्रयाण के समाचार से पूरा नगर उनके दर्शनों के लिए उमड़ पड़ा। सभी की आँखों में आँसू थे, मन में अपार श्रद्धा का भाव था। उनकी शवयात्रा में लगभग डेढ़ लाख लोगों ने भाग लिया। दोपहर बाद रावी के तट पर यह यात्रा समाप्त हुई, जहाँ अग्नि के प्रचंड तेज ने इस तेज को आत्मसात् कर लिया।

'लालाजी ने संघर्षपूर्ण जीवन को, निर्धन परिवार को, विपन्न भारतमाता को अपने पौरुष से अलंकृत किया। उन्हें न सत्ता का मोह था और न शासन से भय। उन्होंने अपने जीवन से बलिदानों का इतिहास लिखा था।'

विषय-सूची

मैं लाजपतराय बोल रहा हूँ

अंग्रेज

अंग्रेज भले लोग हैं। सभी प्रकार के व्यक्तिगत कार्य-व्यापार में वे ईमानदार, साफ-दिल और विश्वसनीय हैं। लेकिन जब राष्ट्रीय हित दाँव पर लगे होते हैं और राष्ट्रीय हित एक भिन्न नीति की माँग करते हैं तो वे इस भिन्न नीति का अनुसरण करते हैं, भले ही ऐसा करने में दूसरों पर कितनी मुसीबतें और बेइनसाफी क्यों न लाद दी जाए।

—राइटिंग्स एंड स्पीचेज (भाग-1), पृ. 248

❊ ❊ ❊

अंग्रेजों की अपनी विशेषताएँ हैं। कुछ नरम होते हैं, कुछ कठोर होते हैं, कुछ कीलजड़ित मुक्के धारण किए होते हैं, कुछ नरम दस्ताने धारण किए होते हैं। कुछ निर्दयतापूर्ण सपष्टवादी होते हैं, कुछ भव्य रूप से हितैषी होते हैं। कुछ तेज तलवार चमकाना पसंद करते हैं, कुछ तेज जुबान चलाना पसंद करते हैं। कुछ कलम से शासन करना पसंद करते हैं, कुछ तलवार से शासन करना पसंद करते हैं। परंतु ज्यों ही तुम उनके आधिपत्य और श्रेष्ठता को चुनौती देते हो, वे रंग बदल लेते हैं और सारे राजनीतिक सिद्धांत भूल जाते हैं।

—लाहौर सेंट्रल जेल में लिखा लेख, 1922
(राइटिंग्स एंड स्पीचेज, भाग-2, पृ. 902)

❊ ❊ ❊

ब्रिटिश लोग आध्यात्मिक लोग नहीं हैं, वे या तो लड़ाकू जाति हैं या एक व्यापारिक राष्ट्र हैं। उनसे ऊँची नैतिकता या न्याय या सदाचरण के आधार पर अपील करना सुअरों के आगे मोती डालने के समान है।

—राइटिंग्स एंड स्पीचेज (भाग-1), पृ. 104

❊ ❊ ❊

अंग्रेज राजनीतिज्ञ

हम एक अंग्रेज भद्रपुरुष के वचनों का पूरा विश्वास कर सकते हैं, किंतु हम अंग्रेज राजनीतिज्ञों के वचनों पर कोई विश्वास नहीं कर सकते।

—अखिल भारतीय कांग्रेस, नागपुर से कांग्रेस सिद्धांत पर भाषण (दिसंबर, 1920)

* * *

अंग्रेजी सरकार

सरकार चाहती है कि सदन में हिंदू व मुसलमान सदस्य आपस में लड़ते रहें, जिससे उसका मनोरंजन और लाभ होता रहे। सरकार निश्चित रूप से सुधार के प्रश्न पर 'हाँ' या 'नहीं' नहीं कहती और सुधारों के लिए हर बार यही कहती है कि मामला विचाराधीन है। सरकार हिंदू-मुसलमान दोनों को ही संशय में रखती है। एक बार सरकार अपने हिंदू जी-हुजूरों को अपनी ओर मिलाने की कोशिश करती है, दूसरी बार मुसलमान जी-हुजूरों को, और दोनों को ही बाज पक्षी की तरह लड़ाती रहती है।

—केंद्रीय विधानसभा में भाषण (14 मार्च, 1928)

* * *

मानव-प्रकृति की नीचतम भावनाओं का अवलंबन लेकर, पिता को पुत्र के विरुद्ध, भाई को भाई के विरुद्ध, पत्नी को पति के विरुद्ध, मित्र को मित्र के विरुद्ध, पति को पत्नी के विरुद्ध, पुत्र को पिता के विरुद्ध और अध्यापक को शिष्य के विरुद्ध खड़ा कर दिया गया है। यह तो मानवता के स्रोतों को अपवित्र करना है। इस समस्त खेदजनक स्थिति का मूल कारण अंग्रेजी-शासन है। कोई विदेशी नौकरशाही यह सहन नहीं कर सकती है कि पौरुष, आत्मविश्वास, आत्मावलंबन, आत्मसहाय्य जैसे सद्‌गुणों का प्रचार करनेवाले देशानुरागी, त्यागी, सार्वजनिक भावना रखनेवाले मनस्वियों को अस्तित्व देश में रहे, क्योंकि वह अज्ञात रूप से जनसाधारण के हृदय में बेचैनी तथा असंतोष के भावों को संचार करते हैं। नौकरशाही को तो स्वभावतः भीरु, अवसरवादी तथा निर्लज्ज, खुशामदी और घृणित परोपजीवी लोग ही प्रिय लगते हैं।

—कैक्सटन हॉल (इंग्लैंड) में भाषण (जून, 1910)

(लाला लाजपतराय : जीवनी, पृ. 289)

* * *

अंग्रेजी सेना

आप कहते हैं कि भारत की सुरक्षा के लिए सेना आवश्यक है। सेना अंग्रेजों के दृष्टिकोण से आवश्यक हो सकती है, पर इस देश के लोगों के दृष्टिकोण से नहीं। हम लोगों के पास रक्षा के लिए है ही क्या? क्या उन्हें खाली पेटों की रक्षा करनी है? क्या

उन्हें अपनी निर्वस्त्रता की रक्षा करनी है? क्या उन्हें अपनी निरक्षरता की रक्षा करनी है? क्या उन्हें अपने मिट्टी के झोंपड़ों की रक्षा करनी है? उन्हें किस वस्तु की रक्षा करने की आवश्यकता है? देश में कुछ निहित स्वार्थों को अपनी संपत्ति की रक्षा की जरूरत हो सकती है, पर देश के जनसामान्य के पास क्या है? इस सेना के व्यय का भार वहन करनेवाली जनसंख्या के विशाल भाग के हितों की सुरक्षा की चिंता किसे है?

—केंद्रीय विधानसभा में भाषण (19 मार्च, 1928)

* * *

अतीत

अपने अतीत को ही निहारते रहना व्यर्थ है, जब तक हम उस अतीत पर गर्व करने योग्य भविष्य के निर्माण के लिए कार्य न करें। हम अपने पूर्वजों की हड्डियों पर अपना अस्तित्व कायम नहीं रख सकते। उनकी उपलब्धियों की स्मृति हमको प्रेरणा तो दे सकती है, हमारी आत्माओं को गर्व और शर्म से भी भर सकती है (गर्व उनकी महानता पर, शर्म उनकी नीचता पर)। अतीत के गौरव का इतिहास हमको आह्लादित भी कर सकता है, परंतु जीवित रहने के लिए और सम्मान के साथ जीवित रहने के लिए हमको वर्तमान समय की संस्थाओं और संस्कृति के शस्त्रागार से सज्जित होकर वर्तमान में ही जीना होगा (जैसे हमारे पूर्वज अपने समय में जीए)। *—आर्यसमाज, पृ. 282*

* * *

अत्याचार और अत्याचारी

इसमें संदेह नहीं कि अत्याचार करनेवाला अपराधी होता है, लेकिन वह आदमी जो अत्याचार सहता है ज्यादा बड़ा अपराधी है। मैं हमेशा कहता हूँ कि यदि हम, दृढ़निश्चय करके अपने पैरों पर खड़े हो जाएँ तो कोई हम पर अत्याचार नहीं कर सकता, और यदि कोई अत्याचार करने का प्रयास करेगा तो हमारी लाशों पर लगे जख्म घोषणा करेंगे कि हिंसा और जुल्म के दिन हमेशा नहीं रहते।

—अमेरिका से लौटने पर स्वागत के अवसर पर दिया गया भाषण (लाहौर, 26 फरवरी, 1920)

* * *

अधिकार

कोई व्यक्ति जो चाहे उसे सोचने का पूरा अधिकार रखता है, परंतु जिस क्षण विचारों को भाषा में और कार्यरूप में व्यक्त करने की बात आती है, उसका यह अधिकार शर्तों और सीमाओं से बँध जाता है। यह इस प्रश्न का कानूनी और संवैधानिक पहलू है।

जहाँ तक नैतिक पहलू का संबंध है, यह पूरी तरह स्पष्ट है कि अधिकारों पर जोर देने की अपेक्षा कर्तव्यों पर जोर देना अधिक उत्तम है। जो लोग कर्तव्यों से अधिक अधिकारों पर जोर देते हैं वे स्वार्थी, दंभी और आत्मकेंद्रित हो जाते हैं।

—राइटिंग्स एंड स्पीचेज (भाग-2), पृ. 177

* * *

यदि आप यह चाहते हैं कि आपकी सुनवाई हो और सम्मान के साथ सुनवाई हो, तो पूरी दृढ़ता के साथ, दृढ़ता के साक्ष्यों के साथ आगे आएँ और इस बात के संकेत दें कि आप हर कीमत पर अपने अधिकार प्राप्त करने के लिए दृढ़प्रतिज्ञ हैं।

—भारतीय राष्ट्रीय कांग्रेस के 21 वें अधिवेशन में भाषण
(बनारस, 29 दिसंबर, 1905)

* * *

अधिकार और कर्तव्य

हमें यह सदैव याद रखना चाहिए कि हम एक प्रकार से बहुभाषी राष्ट्र हैं। हममें ऐसे किसी भी यूरोपीय अथवा पश्चिमी राष्ट्र से कहीं कम समरूपता है, जिन्हें अपनी आजादी के लिए लड़ना पड़ा हो। ऐसा देश आजादी प्राप्त नहीं कर सकता, और यदि प्राप्त कर भी ले, तो उसे बनाए नहीं रख सकता, जब तक इसके लोगों के सभी विभिन्न समुदाय अधिकारों की अपेक्षा कर्तव्यों की भावना से प्रेरित न हों। यदि हर कोई अपने भाग पर जोर देता रहे तो एकता संभव नहीं है, और बिना एकता के आजादी संभव नहीं है।

—राइटिंग्स एंड स्पीचेज (भाग-दो), पृ. 177-78

* * *

अधिकारों की रक्षा

हर एक का नैतिक कर्तव्य है कि तन-मन-धन से अपने जन्मसिद्ध अधिकारों की रक्षा करे। मेरी राय में जो ऐसा नहीं करता, अपने नैतिक कर्तव्य से हट जाता है। जितनी जल्दी हम अपनी इस नैतिक जिम्मेदारी को समझ लेंगे, हम स्वराज्य को प्राप्त करने में समर्थ हो सकेंगे।

—जेल जाते समय देशवासियों के नाम संदेश (7 जनवरी, 1922)

* * *

अनुशासन

सार्वजनिक [illegible]सन को बनाए रखना और उसका पालन करना नितांत आवश्यक है। इसके बिना हम प्रगति के मार्ग में बाधा ही खड़ी करेंगे। मेरा आपसे

निवेदन है कि आप ऐसा कुछ भी न करें जिससे देश में उत्तरदायी सार्वजनिक जीवन के संवर्धन में बाधा उत्पन्न हो।

—अखिल भारतीय स्वदेशी कॉन्फ्रेंस में अध्यक्षीय भाषण (सूरत, दिसंबर, 1907)

* * *

अपने विषय में

अपने समुदाय के प्रति प्रेम के मामले में मैं किसी के सामने झुकने को तैयार नहीं हूँ और इसकी शक्ति और कल्याण के लिए चिंतन करने के मामले में मैं हिंदू-संस्कृति का उपासक हूँ। न केवल हिंदुओं की सेवा के लिए, बल्कि आवश्यकता पड़ने पर मैं खतरों से इसकी रक्षा करने में अपना सर्वस्व बलिदान कर देने को हर समय तैयार हूँ। परंतु मैं अपमान अथवा अधीनता की किसी नीति का समर्थक नहीं हूँ।

—राइटिंग्स एंड स्पीचेज (भाग-2), पृ. 308

* * *

चाहे जो भी आपत्ति मुझ पर आ पड़े, आप कदापि अधीर न हों। जो आग से खेलता है, कभी-कभी अपना मुख जलाने का अवसर भी उसे आ पड़ता है। शासकों की कार्यवाहियों की आलोचना करना आग से खेलना है। यदि मुझे कोई भी चिंता है तो इस विचार से कि इससे आपको कष्ट होगा। अत: कृपया आप मुझे इस बात का विश्वास दिलाएँ कि मेरी गिरफ्तारी से आप बिलकुल नहीं घबराएँगे। कुछ भी हो, यह समय कायरता दिखलाने का नहीं है। जो कुछ भी हो, उसे वीरों की तरह सहन करना चाहिए। जब हंसराज, गुरुदासराय तथा अमोलक राम बंदीगृह में हैं, तो मेरी स्वतंत्रता निरर्थक है।

—पिता के नाम पत्र (लाला लाजपतराय : जीवनी, पृ. 56)

* * *

मैं निस्संकोच स्वीकार करता हूँ कि कष्ट उठाने के लिए ही कष्ट उठाने में मेरा विश्वास नहीं है। व्यक्ति के शुद्धिकरण में और जाति के विकास में यह उपयोगी हो सकता है, परंतु जीवन के व्यावहारिक उद्देश्यों के लिए और जीवन की तात्कालिक समस्याओं के समाधान के लिए, इस शक्ति पर निर्भर नहीं किया जा सकता। महात्मा गांधी के समान मुझे भी स्वप्नदृष्टा होना अच्छा लगता है, परंतु केवल व्यावहारिक स्वप्नदृष्टा।

—पंजाब प्रांतीय सम्मेलन, जरनवाला में अध्यक्षीय भाषण (9 दिसंबर, 1923)

* * *

मेरे मस्तिष्क में न कोई गलतफहमी है, न डर। मैं पूरी तरह आश्वस्त हूँ कि जो मार्ग हमने चुना है, सही मार्ग है, और हमारी सफलता निश्चित है। मेरा यह भी विश्वास

है कि मैं शीघ्र ही आपके बीच लौट आऊँगा और अपना कार्य फिर से आरंभ करूँगा, पर यदि यह न हो सका तो मैं आपको विश्वास दिलाता हूँ कि जब मैं अपने सृजनहार के पास वापस पहुँचूँगा तो मुझे किसी बात का अफसोस नहीं होगा। आज तक जो कुछ भी मैंने किया है, अपने देश और राष्ट्र की सेवा के इरादे से किया है और अपनी आत्मा के सामने सदा ही इस ध्येय को रखा है। अब मैं तुमसे विदा लेता हूँ, लेकिन याद रखना कि मेरे देश व राष्ट्र की प्रतिष्ठा तुम्हारे हाथ में है।

—जेल जाने से पहले देशवासियों के लिए लिखा संदेश (3 दिसंबर, 1921)

* * *

मैं हिंदू हूँ और कर्म के सिद्धांत में दृढ़ विश्वास रखता हूँ। मेरा यह भी विश्वास है कि मनुष्य अपने कर्म का स्वयं निर्माता है और इस प्रकार अपने भाग्य का स्वयं निर्धारण करता है।

—आर्यसमाज, पृ. 224

* * *

लोग अकसर शिकायत करते हैं कि मेरे लेख व भाषण बहुत कड़वे, बहुत व्यंग्यात्मक और बहुत तीखे हैं। इनको तो ऐसा होना ही था, क्योंकि वे मेरे अंतर्मन की सही अभिव्यक्ति हैं। मेरा अंतर्मन बहुत दुखी, बहुत कड़वा, बहुत हठी है। अधैर्य, अपमान और विपत्ति की भावना मेरे मन को सराबोर किए रहती है। मैं अपने को अभिव्यक्त करने में, कार्य करने में और जोखिम तक उठाने में कुछ शांति पाता हूँ।

—घनश्यामदास बिड़ला को पत्र (12 जून, 1928)

* * *

हर व्यक्ति का यह प्रथम कर्तव्य है कि वह स्वयं के प्रति सच्चा रहे, और ऐसा कोई कार्य न करे, जिससे मिथ्या स्थिति में पड़ जाए। मेरे मित्रों को यह जानकर संतोष होगा कि मेरा देश और मेरे देशवासी सदैव मेरे विचारों में समाए रहते हैं, और मैं एक नेता की अपेक्षा एक कार्यकर्ता के रूप में शायद अधिक उपयोगी हो सकता हूँ। बिना अपनी शेखी बघारे मैं कह कहता हूँ कि सम्मान और पद ने मुझे कभी आकृष्ट नहीं किया है। बिना सम्मान और बिना किसी पद के मुझे एक साधारण सैनिक के समान अपने देश की सेवा करते हुए मर जाने में गर्व होगा।

—राइटिंग्स एंड स्पीचेज, भाग-1, पृ. 297

* * *

अराजकता

इससे बड़ी अराजकता और क्या होगी कि कोई विदेशी या विदेशियों का समूह बंदूक की नाल पर कानून को लादे? किसी आत्म-सम्मानी राष्ट्र पर थोपी जानेवाली यह सबसे बड़ी अराजकता है। इस स्थिति से बड़ी अराजकता और क्या होगी कि जिन लोगों

के लिए सरकार बनी, जिसके लिए सरकार का निर्माण हुआ, अपने भाग्य का निर्णय करने में उन्हीं लोगों की कोई आवाज नहीं? धमकियों से कोई उन्नति नहीं होती। हम अराजकता की इन धमकियों से डरनेवाले नहीं हैं।

—केंद्रीय विधानसभा में भाषण (16 फरवरी, 1928)

* * *

अर्पण

यदि कोई वस्तु किसी अन्य व्यक्ति की है तो हम उसे नहीं लेना चाहेंगे। जब कोई व्यक्ति सहयोग की भावना से हमसे कुछ चाहता है तो हम उसे देने के लिए तैयार हैं। परंतु कोई इसे बलपूर्वक या आदेश देकर लेना चाहे, तो हम नहीं देंगे। यदि कोई उस वस्तु को हमसे छीनना चाहता है, जिसे हम देना नहीं चाहते, तो भले ही हम युद्ध में मर जाएँ, पर देंगे नहीं।

—विदेश से भारत वापसी पर स्वागत के अवसर पर (बंबई, 20 फरवरी, 1920)

* * *

असफलताएँ

मैं असफलताओं और हार से भी नहीं डरता। असफलताएँ और हार कभी-कभी विजय की ओर आवश्यक कदम होते हैं। मैं 'किसी भी कीमत' पर मिलनेवाली शांति में विश्वास नहीं करता। 'जो केवल खड़े रहकर प्रतीक्षा करते हैं, वे भी सेवा करते हैं' वाली बात में भी मैं विश्वास नहीं करता। मैं अपने अधिकारों को बलपूर्वक व्यक्त करने का पक्षधर हूँ, भले ही उनको व्यक्त करने में या उनकी रक्षा में रक्त बहाना पड़े। फिर भी, मैं उस स्थिति में रक्तपात को प्रेरित करना नितांत अनुचित मानता हूँ, जहाँ सफलता की संभावना बिलकुल न हो। मेरी दृष्टि में यह निरा पागलपन है।

—अमेरिका से इंग्लैंड के प्रधानमंत्री को लिखा गया खुला पत्र (13 जून, 1917)

* * *

अस्पृश्य (दे. दलित-वर्ग)

प्रत्येक अछूत हिंदू है और सभी सामान्य कार्यों के लिए इतना ही अच्छा हिंदू है जितना कोई ब्राह्मण। हिंदू-समुदाय में एक सदस्य के रूप में उसकी स्थिति, जिसे हिंदू के सभी सामाजिक अधिकार प्राप्त हों, अवश्य सुरक्षित होनी चाहिए।

—प्रांतीय हिंदू कॉन्फ्रेंस में अध्यक्षीय भाषण, (इटावा, 28 अक्तूबर, 1928)

* * *

अस्पृश्यता (दे. छुआछूत)

एक ऐसे प्रजातंत्र के बारे में सोचना असंभव है, जो अस्पृश्यता को किसी का

व्यक्तिगत धर्म या अंग समझता है अथवा किसी धार्मिक या सामाजिक पूर्वाग्रह का स्वीकृत रूप मानता है। जब तक इस प्रकार के पूर्वाग्रह हमारे मस्तिष्क को और हमारे आचरण को उन लोगों के प्रति प्रभावित करते हैं, जो हमसे भिन्न धर्म के हैं या जिनको व्यवसाय के रूप में हम नापसंद करते हैं, प्रजातंत्रीय राज्य की बातें करना व्यर्थ है।—*राइटिंग्स एंड स्पीचेज (भाग-2), पृ. 119*

❋ ❋ ❋

दलितोद्धार की दिशा में कम-से-कम इतना काम तो हम तुरंत कर सकते हैं कि अछूतों को स्पृश्य बना लें और उनके दिल से काँटा निकाल दें। वह हिंदू, जो इतना करने के लिए भी तैयार नहीं है, अपनी जाति का शत्रु है, भले ही उसे उस महान् हानि का बोध न हो, जो वह ऐसा रुख अपनाकर कर रहा है। मैं स्वीकार करता हूँ कि हम शिक्षित हिंदू इस मामले में अपने कर्तव्य का ईमानदारी व निष्ठा से पालन नहीं कर रहे हैं। हम अपना अधिकांश समय व बल छोटे-छोटे राजनीतिक अधिकारों के लिए लड़ने में लगा रहे हैं।

—राइटिंग्स एंड स्पीचेज (भाग-1), पृ. 168

❋ ❋ ❋

मैं अस्पृश्यता की कठोरतम शब्दों में निंदा करता हूँ। यह पूरी तरह अमानवीय और जंगली संस्था है, जो हिंदू-धर्म व हिंदुओं के सर्वथा अयोग्य है।

—लाला लाजपतराय : जीवनी, पृ. 105

❋ ❋ ❋

मैं हिंदू-शास्त्रों में अस्पृश्यता की स्वीकृति नहीं पाता। मुझे इतिहास में भी इसका कोई जिक्र नहीं मिलता। जहाँ तक हिंदू अछूतों का प्रश्न है, अधिकांश समझदार हिंदू इस बात पर सहमत हैं कि अस्पृश्यता नासमझीपूर्ण, असहनीय और अमानवीय है, क्योंकि जिस धर्म व समुदाय के सदस्य तथाकथित ऊँची जातिवाले लोग हैं, उसी धर्म व समुदाय के वे भी हैं। *—राइटिंग्स एंड स्पीचेज (भाग-2), पृ. 189*

❋ ❋ ❋

अहिंसा

अमरीका और ब्रिटेन में जनसंख्या का बड़ा भाग हिंसा या बलप्रयोग के विरुद्ध है, नैतिक कारणों से उतना नहीं, जितना व्यावहारिक कारणों से। वहाँ संगठित सरकारी तंत्र के विरुद्ध बल-प्रयोग करना या हिंसा की धमकी देना निरर्थक समझा जाता है। यदि उन देशों में ऐसी स्थिति है, जहाँ शस्त्र रखने और उन्हें चलाना सीखने के लिए हर व्यक्ति स्वतंत्र है, तो भारत में तो और भी अधिक होनी चाहिए। अंग्रेजों को हिंसा या बल के आधार पर भारत से निकाल फेंकने की नीति मूर्खतापूर्ण है। भारतीय युवकों को, जो देश की सेवा करने के इच्छुक हैं और आजादी के उद्देश्य को प्राप्त करना चाहते हैं, अपने

क्रोध पर नियंत्रण रखना सीखना चाहिए। मैं व्यक्तिगत या राष्ट्रीय अपमान को गरदन झुकाकर सहन कर लेने के पक्ष में नहीं हूँ, परंतु मैं राष्ट्रीय उद्देश्यों के लिए बलप्रयोग की निरर्थकता के विषय में पूरी तरह आश्वस्त हूँ।

—महात्मा गांधी को पत्र ('यंग इंडिया' में 3 नवंबर, 1949 को प्रकाशित)

* * *

अहिंसा-भावना

हम पूरी निष्ठा और ईमानदारी के साथ शांतिपूर्ण साधनों से अपना उद्देश्य पूरा करने का भरसक प्रयास कर रहे हैं। हम शासकवर्ग के साथ आपसी भाईचारे और पारस्परिक हितों के आधार पर अपने संबंधों को बनाए रखने की सच्ची इच्छा रखते हैं।

—भारतीय राष्ट्रीय कांग्रेस के विशेष अधिवेशन में अध्यक्षीय भाषण (कलकत्ता, 4 सितंबर, 1920

* * *

आंदोलन और राजनीति

आंदोलन केवल वर्तमान से संबंध रखता है, और मौजूदा घटनाओं पर आधारित होता है। इसको वर्तमान या आसन्नभूत के द्वारा जुटाए गए तथ्यों और आँकड़ों से बल प्राप्त होना चाहिए। परंतु राजनीति का संबंध राष्ट्र के भविष्य-निर्माण से है। राजनीति भूत और वर्तमान से सहायता लेती है तथा भविष्य की कल्पना-हेतु सामग्री जुटाने का प्रयास करती है। इस प्रकार राजनीति एक धर्म है, एक विज्ञान है और राजनीतिक आंदोलन से, धारणा और क्षेत्र दोनों में, कहीं अधिक ऊँची है।

—राइटिंग्स एंड स्पीचेज (भाग-1), पृ. 26

* * *

आजादी की लड़ाई

विभिन्न राष्ट्रों द्वारा आजादी की लड़ाई अपने साधनों और परिस्थितिगत हथियारों से लड़ी जानी चाहिए। दूसरों से तुलना करना कभी-कभी गलत और गुमराह करनेवाला हो जाता है। यथार्थ से बेखबर सिद्धांतों के पंखों पर बैठकर ऊँची उड़ान भरना अपराध है। यह राष्ट्र की शक्तियों को दिग्भ्रमित करता है और राष्ट्र को गलत राहों की ओर ले जाता है। यह सेनानियों में भी एक-दूसरे के प्रति अविश्वास और संदेह उत्पन्न कर देता है। यह अत्यंत आवश्यक है कि स्वतंत्रता का कार्यक्रम स्थिति की संभावनाओं और वास्तविकताओं के बिलकुल सही आकलन पर आधारित हो।

—राइटिंग्स एंड स्पीचेज (भाग-2), पृ. 37

* * *

आतंकवाद

मेरी राय में आतंकवाद न केवल निरर्थक है, बल्कि पापपूर्ण है।

—महात्मा गांधी को पत्र ('यंग इंडिया' में 13 अगस्त, 1919 को प्रकाशित)

* * *

आत्मत्याग

स्वतंत्रता की देवी संसार में सबसे अधिक पवित्र देवी है, और इससे पूर्व कि आप उसके पास पहुँच सकें आपको अपने जीवन से, आत्म-त्याग के जीवन से, यह दिखाना होगा कि आप उसके मंदिर में प्रवेश करने योग्य हैं।

—भारतीय राष्ट्रीय कांग्रेस के 21 वें अधिवेशन में भाषण (बनारस, 29 दिसंबर, 1905)

* * *

आत्मनिर्भरता

प्रगति का तात्पर्य है स्वतंत्रता की ओर प्रस्थान। तुम्हारे पूर्वजों ने तुम्हें यही सिखाया है कि जैसे ही तुममें पर-निर्भरता पनपती है, स्वतंत्रता पलायन कर जाती है। यदि पर-निर्भरता को पूर्णरूपेण नहीं त्याग सकते तो एक सीमा तक कम तो कर ही सकते हो। आत्मनिर्भरता और आत्मविश्वास की आदत डालो, किसी को नाराज करने या परेशान करने के इरादे से नहीं, वरन् पुरुषार्थ की भावना से ऐसा करो।

—यूरोप से भारत वापसी पर स्वागत के अवसर पर (बंबई, 20 फरवरी, 1920)

* * *

आत्मविश्वास

दूसरे पर विश्वास रखने के स्थान पर स्वयं पर विश्वास कीजिए। आप अपने ही प्रयासों से ऊपर उठ सकते हैं। याद रखिए, राष्ट्रों का निर्माण अपने ही बलबूते पर होता है।

—यूरोप से भारत वापसी पर स्वागत के अवसर पर (बंबई, 20 फरवरी, 1920)

* * *

आदत

आदत चरित्र के विकास में केवल एक कारक है, स्वयं चरित्र नहीं है। केवल व्यक्तिगत शिष्टता, जो सभी सामाजिक प्राणियों और व्यक्तियों के लिए जीवन का अमृत है, सक्रिय साध्यों और आदर्शों का स्थान नहीं ले सकती। केवल शांति, नम्रता, संतोष और

आज्ञाकारिता ही राष्ट्रीय चरित्र का निर्माण नहीं कर सकते; इसके लिए ताकत, आगे बढ़कर कार्य में रुचि लेने की प्रवृत्ति, उत्तरदायित्व की भावना और विद्रोह की भावना का विकास भी आवश्यक है।

—आर्यसमाज, पृ. 255

* * *

आधुनिक राष्ट्र

सत्य सत्य है; ज्ञान ज्ञान है और विज्ञान विज्ञान है। यह न पूर्वी है न पश्चिमी; न भारतीय है न यूरोपीय। इसीलिए यह परमावश्यक है कि हम अपनी राष्ट्रीय निरंतरता को बनाए रखें। सभी शैक्षिक योजनाओं में भारतीयता का अनुकरण करें। हम यूरोपीय या अमरीकी राष्ट्र नहीं होना चाहते, परंतु हम चाहते हैं कि पूरी तरह से आधुनिक भारत राष्ट्र बने रहें। हम अपने अतीत की मात्र प्रतिलिपि भी नहीं बनना चाहते, परंतु हम अपने अतीत के ढाँचे को सुदृढ़ कर उस पर अपने भविष्य का निर्माण करना चाहते हैं। जो भी शिक्षा-योजना हम बनाएँ, उसमें यह नीति निहित होनी चाहिए।

—अखिल भारतीय महाविद्यालय छात्र-सम्मेलन में अध्यक्षीय भाषण
(नागपुर, 25 दिसंबर, 1920)

* * *

आधुनिक शिक्षा

अंग्रेजी भाषा के माध्यम से दी जानेवाली आधुनिक शिक्षा की अपनी कुछ हानियाँ हैं, और इसने हमको कई प्रकार से हानि पहुँचाई है। लेकिन, जहाँ तक एकता की प्रक्रिया का प्रश्न है, कोई भी निष्पक्ष व्यक्ति इसके उपयोगी परिणाम से इनकार नहीं कर सकता। शिक्षा की एक सामान्य पद्धति से भारत के विभिन्न प्रांतों में हितों के सामान्य होने की भावना जाग्रत हुई है, और इसने राष्ट्रीय भावना को मजबूत करने में बड़ी सहायता की है।

—तृतीय अखिल भारतीय आर्यकुमार सम्मेलन में अध्यक्षीय भाषण
(सहारनपुर, 18 अक्तूबर, 1912)

* * *

आम माफी

आम माफी हमेशा राजनीतिक कारणों से दी जाती है। जब सरकार को यह विश्वास होता है कि वह उसी के हित में है कि बेहतर वातावरण तैयार किया जाए और लोगों के हृदयों को जीता जाए तो वह आम माफी दे देती है। जब सरकार यह देखती है कि लोग इतने निर्जीव हैं कि सरकार पर कोई दबाव नहीं डाल सकते और उसके लिए कोई मुसीबत पैदा नहीं कर सकते तो वह आम माफी नहीं देती। अतः आम माफी दया या

करुणा की भावना से नहीं, बल्कि राजनीतिक कारणों से दी जाती है। वास्तव में, कोई सरकार दया-भावना दिखलाकर अपना काम नहीं चला सकती। सरकारें दया दिखलाने के लिए नहीं होतीं, वे तो अपने हित में कार्य करती हैं और राजनीतिक सुविधा को ध्यान में रखकर कार्य करती हैं।

—केंद्रीय विधानसभा में राजनीतिक कैदियों के मुक्ति प्रस्ताव पर भाषण (26 जनवरी, 1926)

* * *

आर्थिक उत्थान

मेरे विचार में, देश की सबसे बड़ी जरूरत जनसाधारण का आर्थिक उत्थान है, साथ ही सही प्रकार की सार्वभौम शिक्षा है। यदि भारत के समाचार-पत्रों पर मेरा अधिकार होता तो मैं उनसे यह आग्रह करता कि वे हर अंक के मुखपृष्ठ पर बड़े अक्षरों में यह छापा करें—

देश की सबसे बड़ी जरूरत है—
बच्चों के लिए दूध,
बड़ों के लिए भोजन,
सबके लिए शिक्षा।
सरकार या तो इनकी आपूर्ति करे या हमें स्वयं शासन करने दे।

—महात्मा गांधी को पत्र
('यंग इंडिया' में 13 नवंबर, 1929 को प्रकाशित)

* * *

आर्थिक दासता

आर्थिक दासता सभी दासताओं में निकृष्ट है। आर्थिक परतंत्रता अथवा आर्थिक आत्मनिर्भरता का अभाव ही व्यक्तिगत या राष्ट्रीय विपत्तियों का मूल कारण है। वह व्यक्ति, जो दूसरे के ऊपर आर्थिक रूप से निर्भर है, यथार्थ में दास है, भले ही बाहर से कुछ भी दिखाई देता रहे।

—लाला लाजपतराय : जीवनी, पृ. 215

* * *

आर्यसमाज

आर्यसमाज अनेक अर्थों में हिंदू-धर्म का चैंपियन है। इसके सदस्यों को हिंदुत्व पर गर्व है। हिंदू-जाति की रक्षा के लिए अपना सर्वस्व दाँव पर लगाने में न उन्हें कभी संकोच हुआ है, न कभी होगा। परंतु एक पैरवीकार की शक्ति उसकी स्वाधीनता में

निहित है, भले ही वह अपने मुवक्किल के हित से स्वयं को एकाकार कर ले। इसकी स्वाधीनता के लिए यह एक ऐसा खतरा है, जिसके प्रति हम सावधान करना चाहते हैं, और ऐसा हम हिंदू-जाति और हिंदुत्व के हित में कह रहे हैं।

—आर्यसमाज, पृ. 77

* * *

आर्यसमाज को यह याद रखना चाहिए कि आज का भारत मात्र हिंदू नहीं है। भारत की समृद्धि और इसका भविष्य हिंदुत्व के और उस बड़े धर्म के, जिसे भारतीय राष्ट्रीयवाद कहते हैं, सामंजस्य पर निर्भर है और केवल इसी सामंजस्य के बल पर भारत विविध राष्ट्रों के बीच अपना सही स्थान बना सकता है।

—आर्यसमाज, पृ. 283

* * *

आर्यसमाज जन्म से जाति-निर्धारण का खंडन करता है। यह हिंदू-समाज को जातियों और उपजातियों के विविध भेदों में विभाजित करने की निंदा करता है। यह मानता है कि जाति-प्रथा द्वारा लोगों को एक-दूसरे से अलग करने के लिए जो कृत्रिम दीवारें खड़ी की गई हैं, वे घातक और हानिकारक हैं। परंतु यह जीवन के तथ्यों से आँखें नहीं मूँद सकता और इसे यह मानना पड़ा है कि सब मनुष्य एक समान नहीं होते, वे एक-दूसरे से शारीरिक शक्ति में, बौद्धिक और मानसिक योग्यता में, नैतिक स्वभाव और आध्यात्मिक विकास में परस्पर भिन्न होते हैं। वे भिन्न पर्यावरण में जन्म लेते हैं और जीवन में उनके पद व स्थितियाँ स्वाभाविक रूप से उनके पर्यावरण से प्रभावित होते हैं।

—आर्यसमाज , पृ. 137-138

* * *

आर्यसमाज जैसी धार्मिक संस्थाओं के लिए यही उचित तथा न्यायसंगत है कि वे राजनीति के क्षेत्र से दूर रहें, नहीं तो उनके आध्यात्मिक सुधार-कार्य को हानि पहुँचेगी।

—लाला लाजपतराय, पृ. 66

* * *

आर्यसमाज राष्ट्रीयकरण करनेवाली सर्वाधिक शक्तिशाली शक्तियों में से है, इस बात से इनकार नहीं किया जा सकता। आर्यसमाज का ध्येय लोगों के जीवन और विचारों में क्रांतिकारी परिवर्तन लाना है। इसका ध्येय वैदिक विचारों और वैदिक जीवन पर आधारित नए राष्ट्रीय चरित्र का निर्माण करना है।

—आर्यसमाज, पृ. 254

* * *

इस बात से न तो इनकार किया जा सकता है और न ही किया जाना चाहिए कि आर्यसमाज राष्ट्रीयकरण की अत्यधिक सक्षम शक्तियों में से एक है। आर्यसमाज का लक्ष्य लोगों की विचारधारा और जीवन में आमूल परिवर्तन करना है। इसका लक्ष्य वैदिक विचारधारा और वैदिक जीवनपद्धति के मूलभूत आधार पर एक नए राष्ट्रीय चरित्र का निर्माण करना है।

—आर्यसमाज, पृ. 254

* * *

आलोचना

हमें आलोचनाओं से घबराना नहीं चाहिए। देश को एक निष्पक्ष और निर्भीक आलोचना की प्रवृत्ति का विकास करने की आवश्यकता है।...ऐसी आलोचना, जो एक शक्तिशाली शस्त्र है, जो बड़े और शक्तिशाली व्यक्तियों की दुष्टतापूर्ण और स्वार्थमयी प्रवृत्तियों को प्रभावशाली ढंग से नियंत्रित कर सकने में समर्थ है, निरुत्साहित की जाती है और दबा दी जाती है। हमारा उद्देश्य आलोचना को खामोश करना नहीं, अपितु इसे व्यक्तिगत ईर्ष्या, गाली-गलौच और छिद्रान्वेषण से मुक्त करना होना चाहिए।

—राइटिंग्स एंड स्पीचेज (भाग-1), पृ. 44

* * *

आशावादिता

हिंदुओं के प्राचीन इतिहास को दृष्टिगत रखते हुए मैं उन्हें निराशावादिता की बजाय आशावादिता में संलग्न देखना चाहता हूँ।

—राइटिंग्स एंड स्पीचेज (भाग-1), पृ. 132

* * *

हम लोग अपने बारे में, संसार के बारे में और संसार में अच्छाई के बारे में इतने लंबे समय तक संदेह में रहे हैं कि अब निराशावादी दृष्टिकोण के स्थान पर स्वयं में विश्वास, अपने लोगों में विश्वास और एक अच्छे भविष्य की आशा का दृष्टिकोण अपनाने की आवश्यकता है, जो हमें संसार में अच्छे और सुंदर का उपयोग करने और आनंद उठाने के अवसर प्रदान कर सके।

—राइटिंग्स एंड स्पीचेज (भाग-1), पृ. 133

* * *

आस्था

जब मैं हिंदुओं पर आस्था के अभाव का आरोप लगाता हूँ तो मेरा तात्पर्य व्यक्तिगत

आस्था से नहीं, बल्कि सामाजिक आस्था से है, जो विजय की जननी है। वह आस्था जो जनसमूह में प्रेरणा भर दे, अपने भाग्य, उद्देश्य और युग में आस्था; वह आस्था जो संघर्ष की ओर ले जाती है। इस आस्था का हममें बुद्ध के समय से अभाव है और फिर से राष्ट्र बनने के लिए हमें पुनः इसी आस्था की आवश्यकता है।

—राइटिंग्स एंड स्पीचेज (भाग-1), पृ. 41

* * *

इच्छाशक्ति

यदि हमारे इरादे शुद्ध और ऊँचे हैं, यदि ऊँचा चरित्र, आत्मत्याग और नेक कार्य हमारे हथियार हैं, और यदि आगे बढ़ने में हम कर्तव्य के प्रति इस एकाग्र निष्ठा से अनुप्राणित हैं, जो अकेली ही हमें सफलता दिलाने में समर्थ है, तो हमें किसी असफलता, रुकावट या दुर्घटना से डरने की आवश्यकता नहीं है। हमारे विरोधी हमें हराने के लिए सभी प्रकार के उपाय करेंगे, परंतु अपने हृदय में वे हमारा सम्मान करेंगे। जितना ही कठिन संघर्ष होता है उतना ही अधिक उस शक्ति को दिखाने का अवसर मिलता है, जो हमारे पूर्वजों ने हमें प्रदान की है।

—आर्यसमाज, पृ. 282

* * *

सामान्य स्रोत से प्रेरित, सामान्य उद्देश्य से चालित, सामान्य प्रेरणाओं से नियंत्रित और सामान्य उद्देश्य से अनुप्राणित होकर हम विभिन्न रूपरेखाओं पर काम करते हुए और पक्षपात की भावना से चलाए जा रहे व्यर्थ के विवादों में पड़कर अपना समय व ताकत नष्ट न करते हुए, एक सामान्य इच्छाशक्ति का निर्माण कर सकते हैं।

—दि ट्रिब्यून (18 नवंबर, 1928)
(राइटिंग्स एंड स्पीचेज, भाग-2, पृ. 140)

* * *

इसलाम

सिद्धांतों पर अत्यधिक आग्रह ही इसलाम के लिए अत्यंत हानिकारक रहा है, इसके राजनीतिक पतन का कारण रहा है।

—राइटिंग्स एंड स्पीचेज (भाग-2), पृ. 186

* * *

ईमानदार बनिए

मेरे मित्रो, राजनीतिक बनने की आकांक्षा मत कीजिए। ईमानदार और अच्छा

व्यक्ति बनने का प्रयास कीजिए और कम-से-कम अपने तथा अपनी मातृभूमि के प्रति, जिसने आपको जन्म दिया है, सत्य आस्थावाला व्यक्ति बनने का प्रयत्न कीजिए। हम राजनीतिज्ञ नहीं बनना चाहते। यह काम तो हमने अमरीका जैसे देशों के लिए छोड़ दिया है।

—विदेश से भारत वापसी पर स्वागत के अवसर पर

(बंबई, 20 फरवरी, 1920)

❊ ❊ ❊

ईश्वर और संपदा

हम एक निराकार, निर्गुण, न्यायकर्ता, दयालु और सर्व-बुद्धिमान ईश्वर की बात करते हैं, लेकिन हम जो शिक्षा प्राप्त कर रहे हैं, जो शिक्षा हम अपने वातावरण से पाते हैं, वह हमें इस विश्वास के लिए बाध्य करती है कि वास्तविक ईश्वर, जिसकी हमें आराधना, उपासना और इच्छा करनी चाहिए, स्वर्ण और संपदा है।

—महात्मा गांधी के नाम पत्र

(17 दिसंबर, 1919 को 'यंग इंडिया' में प्रकाशित)

❊ ❊ ❊

उग्रता-संघर्ष

उग्रता से जीवन का बोध होता है। संघर्ष सदैव बुरा नहीं होता। किसी कीमत पर भी शांति सदैव अच्छी नहीं होती। असली चीज जीवन है, शांति या मौन नहीं। हमको सिखाया गया है कि हम शांति और मौन को जीवन से ज्यादा प्यार करें और यही हमारे पतन का कारण है।

—राइटिंग्स एंड स्पीचेज (भाग-1), पृ. 304

❊ ❊ ❊

उद्बोधन

देश का हर कार्यकर्ता अपना यह कर्तव्य समझे कि उसे सरकारी अन्याय, तानाशाही और अत्याचार का पर्दाफाश करना है, इनका शिकार चाहे किसी भी धर्म का क्यों न हो। अत: मेरे भाइयो, आओ, हम ईश्वर और अपने उद्देश्य की सदाशयता पर विश्वास जगाकर, हर कीमत पर जीत का दृढ़निश्चय लेकर अपने कार्य में ईमानदारी, निष्ठा और सच्चाई से लग जाएँ।

—राइटिंग्स एंड स्पीचेज (भाग-1), पृ. 131

❊ ❊ ❊

निराशा का कोई कारण नहीं है, हताश होने की कोई गुंजाइश नहीं है। आगे बढ़ो,

प्रजातंत्र के सैनिको, विजय निश्चित रूप से तुम्हारी है। स्वतंत्रता शीघ्र आ सकती है, देर में भी आ सकती है। अपने विचारों को पक्का करो, अपने विश्वासों को दृढ़ करो, अपनी आस्था को शक्तिशाली बनाओ, दूसरों को आस्था दो, दूसरों से इसे लो, अपने मतभेद दूर करो और एक सामूहिक ध्येय, एक सामूहिक मन, एक सामूहिक इच्छाशक्ति पैदा करो। तुम विजयी होगे।

—राइटिंग्स एंड स्पीचेज (भाग-2), पृ. 130

❊ ❊ ❊

मेरे देशवासियो, तुम्हें मेरी विनम्र सलाह यह है कि न तो घबराओ, न ही अत्यधिक उत्तेजित होओ! कठिनाइयों और तूफानों के बीच एक गरिमामय, दृढ़, साहसिक परंतु सदाचारपूर्ण दृष्टिकोण रखो, और अर्जित अनुभव के प्रकाश में संघर्ष को जारी रखो।

—अखिल भारतीय स्वदेशी आंदोलन में अध्यक्षीय भाषण
(सूरत, दिसंबर 1907)

❊ ❊ ❊

एकता

चालाकी से भरी और दुष्टतापूर्ण ऐसी अपीलों से सावधान रहो, जो कभी खुशामद भरे स्वरों में, कभी धमकी-भरे स्वरों में, कभी धर्म के नाम पर , कभी धार्मिक राष्ट्रीयता के नाम पर, कभी महान् अतीत के नाम पर और कभी महान् भविष्य की कल्पना को जगाते हुए हमें देश के अन्य लोगों से अलग करने के लिए की जाती हैं। याद रखो, हम सब एक ही देश के वासी हैं। एक ही वातावरण में साँस लेते हैं। हमारी नसों में एक-सा ही रक्त बह रहा है। हम एक गौरवशाली अतीत के बराबर के उत्तराधिकारी हैं। एकता में ही हमारी शक्ति है। विभाजन में हमारा पतन है। वर्तमान समय हमारे इतिहास का एक नाजुक दौर है। हम इस समय एक बड़ी विपत्ति से गुजर रहे हैं। यदि इस समय हम भारतीयों के रूप में अपनी जिम्मेदारियों को नहीं समझेंगे, तो हम प्रगति की रफ्तार को कई वर्ष पीछे धकेल देंगे।

—इंडियन एसोसिएशन के तत्त्वावधान में आयोजित
सभा में भाषण (लाहौर, 9 दिसंबर, 1905)

❊ ❊ ❊

यदि ब्रिटिश साम्राज्य के लिए हिंदू, मुसलमान और सिख सिपाही कंधे-से-कंधा मिलाकर युद्ध में लड़ सकते हैं, तो देश में हिंदू, मुसलमान और सिख लोग गरीबी और अज्ञानता के खिलाफ मिलकर संघर्ष क्यों नहीं कर सकते?

—राइटिंग्स एंड स्पीचेज (भाग-1), पृ. 220

❊ ❊ ❊

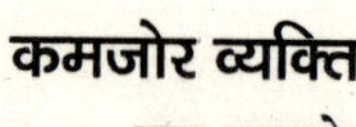

कमजोर व्यक्ति

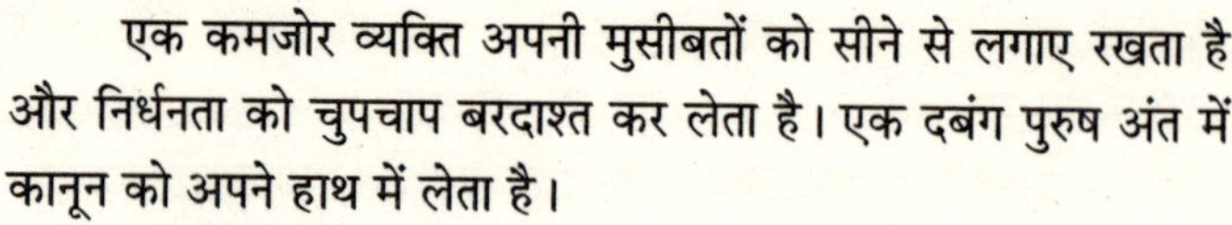

एक कमजोर व्यक्ति अपनी मुसीबतों को सीने से लगाए रखता है और निर्धनता को चुपचाप बरदाश्त कर लेता है। एक दबंग पुरुष अंत में कानून को अपने हाथ में लेता है।

—तोकियो से संपादक के नाम पत्र (दि ट्रिब्यून, 20 अक्तूबर, 1915)

* * *

कमजोर समुदाय

शारीरिक रूप से कमजोर समुदाय हर किसी की दया पर निर्भरता करता है। शारीरिक अयोग्यताएँ शक्ति को चूस लेती हैं। वे व्यक्ति को रोगी और फिर जीवन के संघर्ष के लिए अयोग्य बना देती हैं, दूसरों की घृणा व उपहास का पात्र बना देती हैं।

—प्रांतीय हिंदू कॉन्फ्रेंस में अध्यक्षीय भाषण (इटावा, 28 अक्तूबर, 1928)

* * *

कर्तव्य

जब तक कोई देशवासी पुलिस या सेना में सेवारत है, वह न तो शपथभंग करे, न अपने कर्तव्य और जिम्मेदारी से विमुख हो। यदि कभी वह यह अनुभव करे कि अधिकारी के किसी आदेश को मानने में धर्म और देश के प्रति कर्तव्य का हनन होता है, तो उसका कर्तव्य है कि वह अपने पद से त्यागपत्र दे और राष्ट्रसेवा में सम्मिलित हो जाए। परंतु जब तक ऐसा करने का कोई कारण नहीं और वह उस सेवा में रहता है, भारतीयों की यह संस्था उससे यह अपेक्षा नहीं करती कि वह अपनी शपथ का उल्लंघन करे और अपने कर्तव्यों का निर्वाह करने में शिथिलता बरते।

—अखिल भारतीय कांग्रेस के 35वें अधिवेशन में असहयोग प्रस्ताव पर भाषण (नागपुर, दिसंबर 1920)

* * *

कर्तव्य-भावना

देश भले ही धनी हो जाए, अपना व्यापार बढ़ा ले, भले ही यह दूसरे देशों को निर्यात करने के लिए निर्माण करना आरंभ कर दे, परंतु जब तक इस देश के लोगों में समाज के प्रति कर्तव्य-भावना का उदय नहीं होगा, इन सबका कोई अर्थ नहीं है।

—राइटिंग्स एंड स्पीचेज (भाग-1), पृ. 58

* * *

कष्ट

हमने जो कष्ट उठाए, उसकी कोई बात नहीं। कष्ट उठाना तो हमारी जाति का

लक्षण है, और यदि हम मनोवैज्ञानिक क्षण में और सत्य की खातिर कष्टों से बचते हैं तो हम कायरता के अपराधी होंगे।

—पंजाब प्रांतीय सम्मेलन, जरनवाला में अध्यक्षीय भाषण (9 दिसंबर, 1923)

कष्ट उठाने की तत्परता

हम उतावलेपन के पक्षधर नहीं हैं; न ही हम दकियानूसी, विवेकहीन अथवा लापरवाह होना चाहते हैं। जीवन में दूरदर्शिता, तत्परता और सामंजस्य की भावना आवश्यक है। कोई भी बात इतनी प्रेरणादायक, इतनी चुंबकीय, जनमत को प्रभावित करनेवाली और राष्ट्रीय चरित्र का निर्माण करने में इतनी प्रभावपूर्ण नहीं हो सकती, जितना सत्य के लिए, सिद्धांत के लिए, सही बात के लिए, न्याय के लिए और उद्देश्य के लिए कष्ट उठाने की तत्परता।

—राइटिंग्स एंड स्पीचेज (भाग-1), पृ. 310

* * *

कष्ट और त्याग

तन-मन-धन से समर्पित हुए बिना कोई बड़ी वस्तु प्राप्त नहीं हो सकती। राष्ट्रों का जन्म बहुत कष्ट उठाकर होता है। जय-जयकार निरर्थक है यदि उसके पीछे पूरी शक्ति से प्रयास करने का संकल्प नहीं है। मत सोचो कि कष्ट और त्याग के बिना आजादी का वरदान मिल जाएगा। कोई भी सरकार आजादी नहीं देती, इसको छीना जाता है।

—अमेरिका से लौटने पर स्वागत अवसर पर दिया गया भाषण (लाहौर, 27 फरवरी, 1920)

* * *

कांग्रेस

क्या यह हमारे लिए शर्म की बात नहीं है कि यह राष्ट्रीय कांग्रेस पिछले 21 वर्षों में थोड़े से भी ऐसे राजनीतिक संन्यासी उत्पन्न न कर सकी, जो देश के राजनीतिक पुनरुत्थान के लिए अपने जीवन का बलिदान कर सकते?

—भारतीय राष्ट्रीय कांग्रेस के 21वें अधिवेशन में भाषण (बनारस, 29 दिसंबर, 1905)

* * *

मेरे विचार में कांग्रेस का नेतृत्व उन लोगों के हाथों में होना चाहिए, जिनका सरकार से किसी प्रकार का भी संबंध नहीं है। कांग्रेस के प्रधान वे व्यक्ति होने चाहिए, जिन्हें

धारासभाओं अथवा एक्जीक्यूटिव कौंसिल की सदस्यता का कोई लोभ न हो। उनके मंत्री भी उसी श्रेणी के लोग होने चाहिए।

—राइटिंग्स एंड स्पीचेज (भाग-1), पृ. 215

✻ ✻ ✻

कानून

एक उत्तरदायी राज्य में कानून राष्ट्र के आदेश होते हैं, जो राष्ट्र द्वारा स्वीकृत तरीकों और साधनों द्वारा निर्मित किए जाते हैं और अभिव्यक्त किए जाते हैं। लेकिन जहाँ राष्ट्र की कोई इच्छाशक्ति नहीं होती या वह अपनी दासता के कारण अपनी इच्छाशक्ति व्यक्त करने में असमर्थ होता है या जहाँ इसकी राजनीति किसी बाह्य शक्ति द्वारा नियंत्रित, प्रभावित अथवा शासित होती है, वहाँ सही अर्थों में कानून जैसी कोई चीज नहीं होती।

—लाहौर सेंट्रल जेल में लिखा लेख (1922)
(राइटिंग्स एंड स्पीचेज, भाग-2, पृ. 98-99)

✻ ✻ ✻

किसान

सरकार को कोई अधिकार नहीं कि वह उस व्यक्ति पर कर लगाए, जिसकी आमदनी मात्र इतनी है कि वह अपना और अपने आश्रितों का पेट पाल सके। किसी जमींदार को यह अधिकार नहीं है कि वह भूख से मरते किसान को पूरी तरह निचोड़ ले, बिना इस बात का ध्यान रखे कि जो कुछ उसके पास रह गया, वह उसके और उसके परिवार के लिए पर्याप्त भी है या नहीं।

—राइटिंग्स एंड स्पीचेज (भाग-1), पृष्ठ 315

✻ ✻ ✻

कोई काम नीचा नहीं

अपने साफ-सुथरे वस्त्रों के कारण पशोपेश में मत पड़ो। देहात में जाओ, जो भी कार्य तुम्हें मिल जाए करो, अपने को समाज के लिए उपयोगी बनाओ और ईमानदारी सीखो। मेरी दृष्टि में सड़क की मरम्मत करने का ईमानदार और देश-भक्तिपूर्ण कार्य एक डिप्टी कलक्टर के पद से कहीं अधिक ऊँचा है।

—अखिल भारतीय महाविद्यालय छात्र-सम्मेलन में अध्यक्षीय भाषण (नागपुर, 25 दिसंबर, 1920)

✻ ✻ ✻

क्रांति

क्रांति की सफलता के लिए आवश्यक है कि उसका आधार नैतिक तथा दयापूर्ण

हो। क्रांति का आधार जनतंत्र होना चाहिए और उसका संचालन केवल जनवाद के हितार्थ होना चाहिए। क्रांतियों का नारा होना चाहिए : 'जनता के लिए तथा जनता द्वारा'।

—लाला लाजपतराय, पृ. 95

✻ ✻ ✻

क्रांतिकारी आंदोलन

किसी क्रांतिकारी आंदोलन को अपनी मानव-शक्तियों का अपव्यय कदापि नहीं करना चाहिए। साधारणतः क्रांतिकारियों की संख्या बहुत थोड़ी होती है। उनका अंधाधुंध बलिदान करते जाना साधारण हत्या से अधिक गंभीर अपराध है। अपने प्राणों से खेलनेवाले क्रांतिकारी तो अपनी श्रेणी के सर्वोत्तम व्यक्ति होते हैं। आंदोलन के प्रारंभ में उनकी असामयिक मृत्यु से आंदोलन महान् व्यक्तियों से वंचित रह जाता है और अनुभवहीन, महत्त्वाकांक्षी तथा घटिया दरजे के लोगों के नेता बन जाने से आंदोलन की सफलता में देरी होती है। परिणामतः आंदोलन घृणा तथा उपहास का कारण बन जाता है।

—लाला लाजपतराय, पृ. 96

✻ ✻ ✻

क्रांतिकारी आंदोलन का आधार अंधी श्रद्धा नहीं, प्रत्युत बुद्धि तथा विवेक होना चाहिए। नेताओं को अपने कार्य के विघ्न और बाधाओं का पूर्ण ज्ञान और चेतना होनी चाहिए।

—लाला लाजपतराय, पृ. 96

✻ ✻ ✻

क्रांतिकारी आंदोलन की सबसे बड़ी संपत्ति उसके अनुयायियों की श्रद्धा हो। उनका जीवन निष्कलंक हो, उनके उद्‍देश्य निःस्वार्थ हों, उनकी आत्म-संयम तथा आत्म-दमन की शक्ति विशाल हो तथा क्रांति ही उनका ध्येय हो, अपने कार्य की सत्यनिष्ठा में उनकी अगाध श्रद्धा हो। उनकी सफलता का आधार ये उपर्युक्त गुण ही हैं।

—लाला लाजपतराय, पृ. 96

✻ ✻ ✻

गुप्त आंदोलन दोधारी हथियार होते हैं। जहाँ सशस्त्र तथा दृढ़मूल स्वच्छंद राज्य के विरुद्ध उनका प्रयोग होना चाहिए, वहाँ इस बात का भी ध्यान रखना आवश्यक है कि वह स्वार्थी, महत्त्वाकांक्षी तथा निर्लज्ज लोगों के व्यक्तिगत लाभ तथा धन-संचय का साधन न बन सके। क्रांतिकारी आंदोलन जितना ही कम गुप्त हो, उसके नैतिक पहलू के लिए उतना ही अच्छा है।

—लाला लाजपतराय, पृ. 95

✻ ✻ ✻

क्षमा

व्यक्तिगत रूप से, जब मैं अपनी कोई गलती देखता हूँ तो मुझे क्षमा माँगते हुए कोई संकोच नहीं होता। परंतु अपनी गलती के संबंध में विश्वस्त हुए बिना क्षमा माँगना कायरता की निशानी है। पंजाबी लोग न तो अपनी गलतियों को स्वीकार करते हैं, न ही अपनी गलतियों के प्रति सुगमता से सहमत ही होते हैं। अत: मित्रों व शत्रुओं के प्रतिवादों के बावजूद वे बहुधा अपने विचारों पर डटे रहते हैं, झुकने की बजाय कष्ट भुगतने के लिए तैयार रहते हैं।

—पंजाब प्रांतीय सम्मेलन में अध्यक्षीय भाषण (जरनवाला, दिसंबर 1923)
(दि ट्रिब्यून, 9 दिसंबर, 1923)

❋ ❋ ❋

गंगा

यथार्थ में गंगा प्रत्येक हिंदू के लिए उपासना और प्रेम की वस्तु है। प्रत्येक वर्ष वे सैकड़ों-हजारों की संख्या में इसके तट पर आते हैं, बहुत बड़ी संख्या में वे हजारों मील इसके किनारे-किनारे नंगे पैर चलकर हिमालय में बहुत ऊँचे स्थित इसके स्रोत तक पहुँचते हैं। इसके स्रोत से लेकर भारत के पूर्वी छोर पर स्थित बंगाल की खाड़ी तक की लगभग 1500 मील की दूरी तक इसके तट मंदिरों व अध्ययन और ध्यान के अन्य केंद्रों से भरे पड़े हैं, पर इसके स्रोत से लेकर हरिद्वार तक का स्थान हिंदुओं की दृष्टि में अत्यंत पवित्र है। इस नदी का धार्मिक महत्त्व इतना अधिक है कि यह माना जाता है कि यदि कोई हिंदू इसके तट पर मर जाए तो वह सीधा स्वर्ग में प्रवेश करेगा।

—आर्यसमाज, पृ. 27

❋ ❋ ❋

गंगाजल

गंगाजल संभवत: विश्व-भर में अपनी शुद्धता, मधुरता और खनिज लवणों की प्रचुरता के लिए अद्वितीय है। इसको बिना इसकी ताजगी खोए, वर्षों तक रखा जा सकता है। हिंदू-घरों में इसे धार्मिक उत्सवों पर उपयोग के लिए अथवा इसके सांसारिक महत्त्व के लिए भी बहुत बड़ी मात्रा में सँभालकर रखा जाता है। लोग इसकी सौगंध ऐसे ही खाते हैं जैसे अपने देवताओं की। कोई भी हिंदू अपनी अंजुली में गंगाजल लेकर (जिसे गंगाजली कहा जाता है) झूठ बोलने का साहस नहीं कर सकता।

—आर्यसमाज, पृ. 26

❋ ❋ ❋

गांधी तथा मालवीय

महात्मा गांधी के साथ मेरे संबंध अत्यंत घनिष्ठ और आनंददायक हैं। हमारा सिद्धांतों व कार्यक्रमों तथा इससे भी अधिक स्वभाव व व्यवहार में, बहुत अधिक मतभेद है। वे एक आदर्श मित्र हैं। उनके प्रति मेरा रवैया असीमित प्रेम, स्नेह और आदर का है। मेरे लिए वे तथा मालवीयजी देश की महानतम विभूति हैं। न केवल व्यवहार वरन् सिद्धांतों और कार्यक्रमों में भी मेरा दोनों से मतभेद है। फिर भी मैं दोनों को उतना प्यार करता हूँ और आदर करता हूँ, जितना पूरे भारत में किसी व्यक्ति का नहीं करता। उनके साथ मेरे मतभेद बहुत तीव्र हैं और उनकी जैसी मधुरता, धीरता और सहनशीलता न रखने के कारण कभी मैं अकेले में और कभी सार्वजनिक रूप से उनके साथ तीखा और मुँहफट हो जाता हूँ। लेकिन मेरे मस्तिष्क में उनके स्थान पर किसी और को देश का नेता बनाने की बात कभी नहीं आती।

—राइटिंग्स एंड स्पीचेज (भाग-2), पृ. 239

* * *

छुआछूत (दे. अस्पृश्यता)

छुआछूत कुछ विशेष प्रकार के श्रम के विरुद्ध पूर्वाग्रह का परिणाम है। इसमें धार्मिक और सामाजिक पूर्वाग्रह के कुछ तत्त्व भी सम्मिलित हो सकते हैं। हमें दोनों को हटाना है। किसी भी प्रकार के पूर्वाग्रह को हमारे भावी प्रजातंत्र को दूषित करने की इजाजत नहीं दी जा सकती। हम अपने साध्य की प्राप्ति निचले स्तर पर उतरने की प्रक्रिया से नहीं, अपितु ऊपरी स्तर पर पहुँचने की प्रक्रिया से करना चाहते हैं।

—राइटिंग्स एंड स्पीचेज (भाग-2), पृ. 119

* * *

जनमत की शक्ति

थोड़ी धीमी रफ्तार से बढ़ना अधिक अच्छा है, उन लोगों के आश्वासनों से भ्रमित होने की अपेक्षा, जो उन आश्वासनों को पूरा करने की स्थिति में नहीं हैं, या जो कहते कुछ और हैं, करते कुछ और हैं या जो कूटनीतिक भाषा में वायदे करते हैं। हमारी उन्नति किसी भी अन्य चीज से अधिक इस देश में हमारे अपने जनमत की शक्ति और मात्रा पर अधिक निर्भर करती है।

—कांग्रेस अधिवेशन में अध्यक्षीय भाषण (कलकत्ता, 14 सितंबर, 1920)

* * *

जनसाधारण

हमें यह याद रखना चाहिए कि हम जो भी कार्यक्रम आरंभ करें, हमें उसमें

जनता-जनार्दन को साथ लेकर चलना है। यद्यपि हमारे लिए यह उचित न होगा कि हम अपने विवेकपूर्ण निर्णय को जनसाधारण के कहने से त्याग दें, लेकिन यह बात भी बुद्धिहीनता से परिपूर्ण और संभवत: घातक होगी कि हम उनकी पूरी तरह उपेक्षा कर दें। कुछ ऐसे सज्जन हैं, जिन्हें जनता को भीड़ समझने का भ्रम हो जाता है। उनकी धारणा है कि सच्चा नेतृत्व जनसाधारण की राय और इच्छाओं की अवहेलना में है। यह कहने में मुझे कोई संकोच नहीं कि मैं उनसे सहमत नहीं हूँ। साधारणजन भीड़ का रूप तब ले लेते हैं, जब वे भावनाओं से और क्रोध से उत्तेजित हो जाते हैं अथवा प्रतिशोध की इच्छा से भर जाते हैं, सामान्यतया ऐसा तभी होता है, जब उन्हें अत्यधिक भड़का दिया जाए।

— कांग्रेस अधिवेशन में अध्यक्षीय भाषण (कलकत्ता, 14 सितंबर, 1920)

* * *

जागरूकता

हमारा कर्तव्य हो जाता है कि हम अंग्रेजों को यह दिखाएँ कि हममें जागरूकता आ गई है। हम भिखारी नहीं रह गए हैं और हम उस साम्राज्य की प्रजा हैं, जहाँ लोग प्राकृतिक नियम के अनुसार अपने अधिकार को प्राप्त करने के लिए संघर्ष कर रहे हैं।

— भारतीय राष्ट्रीय कांग्रेस के 21वें अधिवेशन में भाषण
(बनारस, 29 दिसंबर, 1905)

* * *

जाग्रत् जनता

सरकार को याद रखना चाहिए कि जब जनता एक बार जग जाती है, और सही दिशा में जाग जाती है, तो उसे दबाया नहीं जा सकता। भारत सरकार के लिए यह असंभव है कि शताब्दी के ब्रिटिश शासन के बाद, एक शताब्दी की उदार शिक्षा-नीति के बाद, हमारे हाथों में बर्क, पेन और मेसन की पुस्तकों देने के बाद, हमें कुत्तों तथा दासों की तरह से दबा सके। यह असंभव है।

— भारतीय राष्ट्रीय कांग्रेस के 21वें अधिवेशन में भाषण
(बनारस, 29 दिसंबर, 1905)

* * *

जाति-प्रथा

आपको स्पष्ट रूप से बता दूँ कि हिंदू-धर्म को धर्म के रूप में और हिंदू-जाति को समुदाय के रूप में सबसे बड़ा खतरा वर्तमान जाति-प्रथा से है। मैं इस प्रथा के जन्म के संबंध में चर्चा नहीं करूँगा, न ही इस प्रथा के उन दिनों के गुण-अवगुण के विषय में कुछ

कहूँगा, जब इस देश में केवल हिंदू लोग रहते थे। प्राचीन काल में इस प्रथा की उपयोगिता रही होगी, परंतु वर्तमान स्थिति में यह सबसे घातक भूल है। यह संगठन के मार्ग की एक प्रभावी रुकावट है।

—प्रांतीय हिंदू कॉन्फ्रेंस में अध्यक्षीय भाषण

(इटावा, 28 अक्तूबर, 1928)

* * *

वर्तमान जाति-प्रथा प्राचीन प्रथा का वही स्वरूप नहीं है, जो प्राचीन काल में था। सभी समझदार और बुद्धिमान हिंदू इस बात पर सहमत हैं कि असंख्य जातियों और उप-जातियों की इस प्रचलित प्रथा की पैरवी नहीं की जा सकती। इसमें पर्याप्त परिवर्तनों की आवश्यकता है। समय और परिस्थितियाँ इसमें विपरीत हैं। वर्णाश्रम संघी लोग सुधारों के विरुद्ध चाहे कितने ही क्रुद्ध क्यों न हों, वे स्वयं के आचरण में धीरे-धीरे वर्तमान जाति-व्यवस्था को नष्ट कर रहे हैं। उनका पक्ष बेजान है, केवल इस कारण से कि यह प्रथा समय के विरुद्ध है।

—प्रांतीय हिंदू कॉन्फ्रेंस में भाषण (बंबई, 5 दिसंबर, 1925)

* * *

हिंदुओं की जाति-प्रथा उनके लिए अभिशाप भी रही है और मुक्ति भी। एक ओर यह उनके सामाजिक और राजनीतिक पतन का कारण रही है, तो दूसरी ओर इसने उन्हें संपूर्ण विघटन और सामाजिक व राष्ट्रीय अवयव के रूप में पूर्ण विनाश से बचाया है। इसने उनकी उन धार्मिक, सामाजिक समूहों में लुप्त हो जाने से रक्षा की है, जो इस देश के इतिहास के विभिन्न कालों में न्यूनाधिक मात्रा में प्रभुत्व प्राप्त करते रहे। पिछले दो हजार वर्षों से यह प्रथा हिंदू-धर्म के गढ़ की रक्षात्मक बुर्ज रही है।

—आर्यसमाज, पृ. 137

* * *

हिंदू-समुदाय को भली प्रकार समझ लेना चाहिए कि जाति-प्रथा, जैसी कि यह इस समय विद्यमान है, भर्त्सना-योग्य है और यदि हिंदुओं की सामाजिक दशा को सुधारना है तो इसकी कठोरता को कम करना होगा। यह सभी स्वीकार करते हैं कि निम्न जातियों की स्थिति शोचनीय है, और इसकी ओर तुरंत ध्यान देने की आवश्यकता है। बहुत बड़ी संख्या में ये लोग हिंदू-समाज को छोड़ते चले जा रहे हैं, क्योंकि हिंदू-लोग न तो इन्हें कोई सामाजिक प्रतिष्ठा देने को तैयार हैं और न ही उनकी दशा सुधारने को तैयार हैं।

—राइटिंग्स एंड स्पीचेज (भाग-1), पृ. 161

* * *

जातिवाद

चुनावों में जातिवाद का नारा देने की प्रथा जाति-सभाओं और जाति-सम्मेलनों के द्वारा मजबूत हो रही है। ये सभाएँ और सम्मेलन हिंदुओं की एकता के लिए निश्चित रूप से खतरा और प्रभावी बाधा हैं। वे समुदाय के सबसे बड़े और शक्तिशाली शत्रु हैं। इस बुराई के रहते देश के शासन में समुदाय को उचित स्थान दिलाने के लिए किए जानेवाले सभी राजनीतिक प्रयास असफल हो जाएँगे। राष्ट्रीय या सामुदायिक किसी भी दृष्टि से यह एक जहर है, जो पूरे ढाँचे में फैल रहा है। यह सभी प्रकार का स्वस्थ विकास रोक रहा है, शक्तियों को सोख रहा है। यह एकता के विरुद्ध मोर्चा बाँध रहा है, और छोटी-से-छोटी ईर्ष्या और पूर्वाग्रहों के ऊपर उठने के सभी प्रयासों को निष्फल बना रहा है।

—आगरा में प्रदेशीय हिंदू-सम्मेलन में अध्यक्षीय भाषण

(28-29 अक्तूबर, 1928)

* * *

जातीय भेदभाव

वर्तमान जातीय भेदभाव हिंदू-सामाजिक व्यवस्था की सबसे बड़ी दुर्बलता है। यदि हिंदू-समुदाय और हिंदू-संस्कृति को उन हास्यास्पद और शरारतपूर्ण प्रहारों से बचना है, जो उसे नष्ट करने के लिए किए जा रहे हैं, तो यह आवश्यक है कि हिंदू इस जातीय भेदभाव के आधार पर समुदाय को विभाजित करने के प्रयासों को नाकामयाब करें और एकता को बनाए रखने के लिए सक्रिय कदम उठाएँ।

—प्रादेशिक हिंदू-सम्मेलन में भाषण (बंबई, 5 दिसंबर, 1925)

* * *

जीवन

हमारे लोगों को इस वास्तविकता का स्पष्ट ज्ञान नहीं है कि जीवन वास्तविक है, मूल्यवान् है, कर्ममय है और अमूल्य है। इसका आदर किया जाना चाहिए, इसको बनाए रखना चाहिए, लंबा बनाना चाहिए और इसका आनंद उठाना चाहिए।

—राइटिंग्स एंड स्पीचेज (भाग-1), पृ. 361

* * *

जीवन का ध्येय

जीवन का मुख्य ध्येय रोजगार तलाशना अथवा शिक्षित प्राणी हो जाना नहीं है। जीवन का ध्येय है नागरिक और समाज के सदस्य के रूप में सक्षम होना। भव्यता और

फैशन को ऊँचा स्थान प्रदान करनेवाला आदर्श अनैतिक है।

—अखिल भारतीय महाविद्यालय छात्र-सम्मेलन में अध्यक्षीय भाषण (नागपुर, 25 दिसंबर, 1920)

* * *

ज्ञान-संचय

सारा संसार तुम्हारे सामने है। यह तुम्हारा कर्तव्य है कि तुम्हें जहाँ से भी मिल जाए, हर प्रकार का ज्ञान संचित करो। लेकिन उस प्रकाशित दीपक को, जिसने अत्यंत प्राचीन समय से ही हमारे पूर्वजों को प्रकाश दिया है, फेंक देना उचित नहीं है। वही दीपक हमारे हिंदू-राष्ट्र का आधारस्तंभ है और इसके अस्तित्व का कारण है। यह मत सोचो कि ज्ञान के इस दिव्य दीपक को फेंक देने में तुम्हारी मुक्ति निहित है। यदि तुम चाहो तो यूरोपीय दीपक भी खरीद सकते हो। लेकिन याद रखो कि यदि तुमने उस दीपक को फेंक दिया, जो सृष्टि के आरंभ में ईश्वर ने तुम्हें सौंपा था तो तुम्हारे ऊपर अधार्मिक और अराष्ट्रीय होने का आरोप लगेगा। ऐसे क्रियाकलाप न केवल तुम्हें ही नष्ट कर देंगे, बल्कि संसार की संस्कृति, सभ्यता और प्रगति को भी गहरा धक्का लगेगा।

—वैदिक ट्रैक्ट का अंतिम अध्याय (लाला लाजपतराय की जीवन-कथा, पृ. 87)

* * *

ट्रेड यूनियन

ट्रेड यूनियन की धारणा भारत के लिए नई नहीं है। 'स्ट्राइक' हड़ताल का ही दूसरा नाम है। भंगियों, भिश्तियों, कसाइयों या ऐसी ही अन्य जातियों की हड़तालों के बारे में किसने नहीं सुना? इन व्यावसायिक जातियों की पंचायतों के निर्णय अपने सदस्यों पर उसी प्रकार लागू होते हैं, जितने संभवतः किसी ट्रेड यूनियन के हो सकते हैं। कानून भले ही कुछ हों, व्यावसायिक जाति के किसी सदस्य की हिम्मत नहीं हो सकती कि वह पंचायत के फैसले का उल्लंघन कर दे या पंचायत के आदेश को नजरअंदाज करके कोई काम कर दे। सभी सदस्य उनका अक्षरशः पालन करते हैं, जुर्माना अदा करते हैं, उन परिवारों या व्यक्तियों के लिए कार्य करने से अनुपस्थित रहते हैं, जिनका पंचायत ने बहिष्कार कर दिया है। हम यह प्रतिदिन देखते हैं। अतः ट्रेड यूनियन के वास्तविक सिद्धांत तथा उनके उद्देश्य भारत के लिए नए नहीं हैं।

—केंद्रीय विधानसभा में ट्रेड यूनियन बिल पर भाषण (8 फरवरी, 1926)

* * *

त्याग और बलिदान

यदि हम सचमुच देश के भविष्य के प्रति निष्ठावान हैं, तो हमें बड़े-से-बड़ा त्याग

और बलिदान करने के लिए तैयार रहना चाहिए, ताकि हम प्रगति का रथ अपनी मंजिल तक ले जा सकें। इसके लिए चाहे कोई भी मूल्य चुकाना पड़े।

हमें संकल्प लेना चाहिए कि सादा जीवन व्यतीत करते हुए हम यथासंभव बचत करें, ताकि इस देश में सच्ची शिक्षा के लक्ष्य को प्राप्त किया जा सके, क्योंकि राष्ट्र केवल उपयोगी, ठोस और सर्वांगीण शिक्षा के बल पर ही चरित्र-निर्माण कर सकता है और अपने भाग्य का विधाता होने का अधिकार जता सकता है। इस ध्येय को प्राप्त करने के लिए कैसा भी बलिदान बड़ा नहीं कहा जा सकता।

—राइटिंग्स एंड स्पीचेज (भाग-1), पृ. 26

* * *

दकियानूसी कट्टरपन

समय तेजी से बदल रहा है, हम भी समय के साथ बदल रहे हैं।…हमें चाहिए कि बदलती हुई स्थिति के आवश्यक प्रभावों को दृष्टि में रखें और अपने जीवन को उसी प्रकार पुनः समायोजित करें। इसी में सुरक्षा, समझदारी, दूरदृष्टि, बुद्धिमानी और शक्ति है। दकियानूसी कट्टरपन का अर्थ केवल अधिक-से-अधिक बरबादी है, साथ ही व्यर्थ का संघर्ष और द्वंद्व है। यदि हम बुद्धिमान हैं तो हमें इससे बचना चाहिए अन्यथा समय अपने-आप बदला ले लेगा।

—प्रादेशिक हिंदू-सम्मेलन में भाषण (बंबई, 5 दिसंबर, 1925)

* * *

दयानंद

आज बीसवीं शताब्दी में आधुनिक भारत को देखनेवाला कोई व्यक्ति मुश्किल से ही कल्पना कर सकता है कि उन्नीसवीं शताब्दी के अंतिम तीस वर्षों में भी वेद भारत में एक बंद पुस्तक थी और कोई उनको पढ़ तक नहीं सकता था। किसी भी ऐसी सभा में जिसमें हिंदू और गैर-हिंदू दोनों उपस्थित हों, उनसे उद्धरण तो दे ही नहीं सकता था। आज हिंदुओं के सभी वर्ग, छोटे से लेकर बड़े तक, वेदों को पढ़ते हैं, अध्ययन करते हैं और उन पर टीका करते हैं। आज ईश्वर की वाणी को ईश्वर के पुत्रों के सामने जाति, धर्म या रंग की परवाह किए बगैर चारों ओर फैला दिया गया है। यही सबसे बड़ी सेवा है, जो दयानंद ने भारत की धार्मिक, बौद्धिक और सामाजिक स्वतंत्रता के लिए की और एकमात्र इसी सेवा के बल पर वे हिंदू भारत के रक्षक कहलाने के अधिकारी हो जाते हैं।

—आर्यसमाज, पृ. 74

* * *

दयानंद के दावे तथ्यात्मक नींव पर आधारित हैं। उनका इन दावों को प्रस्तुत करने का उद्देश्य हिंदुओं को शेखी बघारने की सामग्री देना नहीं, अपितु उन्हें निराशा की उस

स्थिति से उबारना था, जिसमें वे चले गए थे, और उन्हें अपने मस्तिष्क पर पड़े हुए बोझ को हटाने का साधन देना था। वे हिंदुओं को अपनी विरासत के महान् मूल्य के प्रति उचित गर्व और विश्वास से प्रेरित करना चाहते थे, जिससे हिंदू लोग उस विरासत की रक्षा के लिए और इसका योग्य अधिकारी बनने के लिए, समय पड़ने पर कोई भी बलिदान करने को तैयार रहें।

—आर्यसमाज, पृ. 258

* * *

दयानंद के मस्तिष्क में शुरू से ही एक विश्वव्यापी उद्देश्य का विचार था, परंतु साथ ही वह इस बात को कभी नहीं भूले कि इस राष्ट्र का, जहाँ वे पैदा हुए और जहाँ का वासी होने का उन्हें गर्व था, दावा पहले है। उनका उद्देश्य अध्यात्म के क्षेत्र में विश्व-विजय का था, परंतु वह जानते थे कि यह जबरदस्त कार्य घर से ही प्रारंभ किया जाना चाहिए और पहले अनुयायी अपने ही लोगों में से बनाने चाहिए, क्योंकि उनके प्रकाश की आवश्यकता उनके लोगों को औरों की अपेक्षा अधिक है। अत: उन्होंने यह निश्चय किया कि वे हिंदुओं को केवल उनका हिंदुत्व ही नहीं लौटाएँगे, अपितु सभी आक्रामकों के विरुद्ध इसकी रक्षा करना भी सिखाएँगे। उन्होंने यह भी निश्चय किया कि एक प्रभावपूर्ण सुरक्षा के सर्वोत्तम हित में यह भी आवश्यक है कि हर निकास पर रक्षक अपने आक्रामक के विरुद्ध कड़ा कदम उठाने के लिए तैयार रहे और बदले में ऐसी कार्यवाही करे कि सुरक्षा आक्रमक को ही करनी पड़े। सरल भाषा में, वह केवल आलोचना करे और उनको आँखों के सामने तारे देखने को विवश कर दे।

—आर्यसमाज, पृ. 251

* * *

स्वामी दयानंद एक महान् बौद्धिक प्रतिभा के धनी थे। वे अपने देश के प्रति दया और प्रेम से ओत-प्रोत एक महान् हृदय लेकर अवतरित हुए। उन्होंने एक ऐसा आंदोलन आरंभ किया, जो विचारधारा और क्रियान्वयन दोनों में ही धार्मिक और सामाजिक था। किंतु इस बात से कोई इनकार नहीं कर सकता है कि उनका प्रचार और आंदोलन अत्यधिक राष्ट्रीय था और उससे आप-ही-आप राजनीतिक स्वाधीनता की इच्छा जाग्रत् होती थी।

—राइटिंग्स एंड स्पीचेज (भाग-2), पृ. 301

* * *

दलित वर्ग (दे. अस्पृश्य)

प्रत्येक हिंदू को इस ओर गंभीरता से सोचना चाहिए। ईसाई धर्म-प्रचारक हमारी इस गलती का पूरा लाभ उठा रहे हैं और इसके लिए उन्हें दोष नहीं दिया जा सकता। वे 'अपने प्रभु' के संदेश को लेकर इस देश में उपस्थित हैं, और यदि हिंदू अपने ही लोगों

को छोड़ देंगे तो वे किसी भी हालत में उन्हें निराश नहीं करेंगे। जैसा कि मैंने कहा है, दलित-वर्ग की हिंदू-धर्म छोड़ने की इच्छा नहीं है, यदि हिंदू लोग उन्हें मानवीय आधार पर उन्नति करने दें। परंतु यदि मूर्खतावश हिंदू लोग इसमें आनाकानी करेंगे तो वे (दलित-वर्ग)अधिक समय तक हिंदू-धर्म का दामन थामे रहने को तैयार नहीं हैं।

—आर्यसमाज, पृ. 228

* * *

मैं हिंदू हूँ और कर्म के सिद्धांत में दृढ़विश्वास रखता हूँ। मेरा यह भी विश्वास है कि मनुष्य अपने कर्म का स्वयं निर्माता है और इस प्रकार अपने भाग्य का स्वयं निर्धारण करता है। अत: मैं इस प्रश्न को इस प्रकार देखता हूँ—हिंदुओं के पूर्वजों ने अपने धन और शक्ति के घमंड में उन लोगों के साथ दुर्व्यवहार किया, जिनको ईश्वर ने उनके अधीन सुरक्षा और सुख प्रदान करने के लिए रखा था। इन अभागे लोगों की दुर्दशा की उन समृद्ध लोगों पर प्रतिक्रिया हुई, और वे स्वयं अधीनस्थ स्थिति में पहुँच गए जो इतनी शताब्यिों से उनकी नियति बनी हुई है और इसका कोई लाभ उन लोगों को भी किसी प्रकार से नहीं पहुँचा, जिनको वह पहले ही दलित बना चुके थे। इस दुहरे पतन के परिणामस्वरूप जाति के अंदर पुरुषार्थ की भावना में कमी आ गई और आज हम यह देखते हैं कि सुधार की दृढ़ और सच्ची इच्छा के बावजूद कुछ ऐसी शक्तियों के द्वारा प्रगति के पहियों को जकड़ लिया गया है, जो हमारे नियंत्रण से बाहर हैं।

—आर्यसमाज, पृ. 224

* * *

राष्ट्र का सर्वोच्च हित इस बात में है कि हम अपने सारे सद्प्रयास अपने द्वारा या अपने पूर्वजों द्वारा इन दलित वर्गों के प्रति की गई ज्यादतियों को दूर करने में लगा दें। हमें इन दलित-वर्गों का बहुत ऋण चुकाना है और इस ऋण को यथा-शीघ्र चुकाया जाना चाहिए। चाहे हम कितने ही कागजी प्रस्ताव पारित कर लें और मंच पर से चाहे कितना ही बोल लें, हम तब तक इनसान नहीं बन सकते जब तक कि हम इनसानियत के प्रथम सिद्धांत को नहीं अपनाते और वह सिद्धांत है अपने ही उन लोगों के प्रति, जिनके साथ हमने गौरव और सामाजिक प्रतिष्ठा के झूठे मोह में पड़कर दुर्व्यवहार किया और अब भी कर रहे हैं।

—आर्यसमाज, पृ. 225

* * *

दलित-वर्ग सम्मान

यह याद रखना चाहिए कि राष्ट्र के पतन का मूल दूसरों पर अत्याचार करने में है और यदि भारतवासी राष्ट्रीय आत्म-सम्मान और गौरव प्राप्त करना चाहते हैं तो उन्हें

अपने दलित-वर्गों के अभागे भाई-बहनों के लिए अपनी बाँहें फैलानी होंगी और उनमें मानवीय गरिमा की भावना दृढ़ करने में सहायता करनी होगी। जब तक इस देश में अछूतों के ये बड़े वर्ग रहेंगे, तब तक हम अपने राष्ट्रीय मामलों में कोई वास्तविक प्रगति नहीं कर पाएँगे। इसके लिए एक ऊँचे नैतिक स्तर की आवश्यकता है; और जहाँ कमजोर वर्गों के साथ अनुचित व्यवहार होता हो, वहाँ इसकी कल्पना नहीं की जा सकती। कोई व्यक्ति अपने भाई की कमजोरी पर अपनी महानता की बुनियाद नहीं रख सकता। आदमी अपनी शक्ति से ही खड़ा रहेगा या गिरेगा।

—आर्यसमाज, पृ. 223

* * *

दलितोद्धार

इस तथ्य से इनकार नहीं किया जा सकता कि हिंदू-जाति-व्यवस्था की कठोरता हिंदू-समाज के लिए घातक है। हिंदुओं की सामाजिक व राष्ट्रीय उन्नति के मार्ग में यह एक बहुत बड़ी बाधा है। उनके हर कदम पर यह सामने आ खड़ी होती है और उनकी गति को शिथिल कर देती है, अन्यथा राष्ट्र अब तक कभी का राष्ट्रीय एकता व संगठन के उत्कर्ष पर पहुँच जाता। नीची जातियों की, जिन्हें हम कभी अछूत कहते हैं, कभी दलित-वर्ग कहते हैं, दशा शर्मनाक है। यह हमारी मानवता, हमारी न्यायप्रियता और हमारी सामाजिक भाई-चारे की भावना के लिए शर्म की बात है। जब तक निम्न वर्गों की सामाजिक स्थिति निम्न बनी रहेगी, तब तक एकता व संगठन की आशा करना बेकार है।

—राइटिंग्स एंड स्पीचेज (भाग-1), पृ. 166

* * *

दलितोद्धार के कार्य को दया-भावना से नहीं, बल्कि कर्तव्य-भावना से करना चाहिए। उनके प्रति कर्तव्य नहीं, बल्कि स्वयं के प्रति कर्तव्य-भावना से, क्योंकि हम तब तक मुक्त नहीं हो सकते, जब तक वे भी मुक्त न हो जाएँ। जब तक राष्ट्र के सभी अंग अपना योगदान एक सामान्य ध्येय, सामान्य इच्छाशक्ति और सामान्य कार्य की लिए देने के स्थिति में न हों, तब तक स्वतंत्र राज्य का निर्माण, स्वराज्य का विकास असंभव है।

—राइटिंग्स एंड स्पीचेज (भाग-2), पृ. 121

* * *

ये दलित लोग हिंदू-समाज को क्यों छोड़ देते हैं ? क्या वे दूसरे धर्मों की शिक्षाओं से आकृष्ट हो जाते हैं ? क्या उनमें धार्मिक सिद्धांतों की श्रेष्ठता के बारे में राय बनाने की योग्यता होती है ? धर्म के परिवर्तन से तुरंत उनकी सामाजिक प्रतिष्ठा और योग्यता बढ़ जाती है। हिंदू-लोग इन वर्गों को अपने संगठन में तब तक नहीं रख सकते, जब तक वे

उन्हें एक उचित सामाजिक स्थिति देना नहीं मान लेते। यह दो प्रकार से किया जा सकता है—प्रथम, अस्पृश्यता को दूर किया जाए, किसी को भी केवल एक विशेष जाति में जन्म लेने के कारण अछूत न समझा जाए, हिंदू-मंदिरों में उनके प्रवेश पर निषेध न हो, उन्हें शिक्षा देकर ऊपर उठाया जाए।

—गुरुकुल काँगड़ी में दलित वर्ग कॉन्फ्रेंस में अध्यक्षीय भाषण
(दि ट्रिब्यून, 21-22 मई, 1913)

❋ ❋ ❋

राष्ट्र के पतन का मूल दूसरों को सताने में है और यदि हम भारतीय राष्ट्रीय आत्मसम्मान और गौरव को प्राप्त करना चाहते हैं तो हमें दलित वर्गों के अपने अभागे भाइयों के लिए अपनी बाँहें फैलानी चाहिए और उनमें मानवीय गरिमा की भावना पैदा करने में सहायता करनी चाहिए।

—दलित वर्ग कॉन्फ्रेंस में अध्यक्षीय भाषण (गुरुकुल काँगड़ी, मई 1913)

❋ ❋ ❋

सभी दूरदर्शी लोग इस बात को जानते हैं कि हमारे बीच ऐसी शक्तियाँ काम कर रही हैं, जो देर या सबेर आदमी-आदमी के बीच जन्म के कारण उत्पन्न सभी कृत्रिम बंधनों को नष्ट कर देंगी। किसी भी स्थिति में, दलित-वर्ग की दशा में सुधार आना ही है। क्या यह बुद्धिमत्तापूर्ण नहीं होगा कि समय रहते हम अपनी इच्छा से वह कार्य कर लें, जो अन्य शक्तियाँ बलपूर्वक करा देंगी। नैतिकता का तकाजा है कि किसी बाह्य दबाव के कारण नहीं, बल्कि न्याय और मानवता की भावना से दलित वर्गों के उद्धार का कार्य अपने हाथ में लें।

—राइटिंग्स एंड स्पीचेज (भाग-1), पृ. 167

❋ ❋ ❋

दृढ़निश्चय

जोर-जोर से बोलने से कोई लाभ नहीं, असंतोष और विरोध के लक्षण प्रदर्शित करने से कोई लाभ नहीं, जब तक हम अपने प्रति सच्चे न हों, अपने नेक वतन के प्रति सच्चे न हों, मातृभूमि के प्रति सच्चे न हों, राजनीतिक पुनरुत्थान और राजनीतिक आंदोलन के प्रति सच्चे न हों। यदि आगामी कुछ वर्षों में तुम अपने शासकों को यह दिखा सको कि हम अपने निश्चय पर अडिग हैं, हम अपने लक्ष्य के प्रति समर्पण-भावना पर डटे हैं, तो मैं विश्वास दिलाता हूँ कि संसार की कोई शक्ति आपको आगे बढ़ने से नहीं रोक सकती।

—भारतीय राष्ट्रीय कांग्रेस के 21 वें अधिवेशन में भाषण
(बनारस, 29 दिसंबर 1905)

❋ ❋ ❋

देश का संगठन

जो कार्य तुरंत शुरू किया जाना चाहिए, वह है आर्थिक उद्देश्यों के लिए देश को संगठित करना और इसकी शुरुआत किसानों और मजदूरों से की जानी चाहिए।

—महात्मा गांधी को पत्र ('यंग इंडिया' में 13 नवंबर, 1928 को प्रकाशित)

* * *

देश की समृद्धि

किसी देश की आर्थिक समृद्धि की सबसे आसान, सबसे अच्छी और सबसे अधिक प्रभावशाली कसौटी यह है कि इसके लोगों के जीवन को देखा जाए—वे कैसा खाते हैं, कैसे वस्त्र पहनते हैं, किस तरह जीवन-यापन करते हैं और कितने शिक्षित हैं? ये चार आधारभूत परीक्षण हैं जिनके द्वारा आप किसी देश की समृद्धि का पता लगा सकते हैं। यह किसी राष्ट्र की नैतिक तथा भौतिक प्रगति की अचूक कसौटी है।

—केंद्रीय विधान सभा में भाषण (19 मार्च, 1928)

* * *

देशभक्ति

मेरी राय में, हमारी समस्या मुख्य रूप से एक धार्मिक समस्या है, सिद्धांतों और क्रियाओं के रूप में धार्मिक नहीं, वरन् इस रूप में धार्मिक कि यह हमसे महानतम् बलिदान और उच्चतम भक्ति की अपेक्षा करती है। हमारी पहली आवश्यकता है कि हम अपनी देशभक्ति की भावना को धर्म के स्तर तक उठाएँ और इसके लिए जीने या मरने की कामना करें। हम धर्म में, उसमें निहित सत्य के लिए, विश्वास करते हैं। जो हमारी आत्मा का परमात्मा से मिलन कराता है। परमात्मा की उपस्थिति में हम अपने को भूल जाते हैं, और ऊपर उठकर सुख व प्रेम के शुद्ध स्रोत से अमृत पीते हैं। इसी प्रकार से हम सत्य और न्याय की मजबूत चट्टान पर देशभक्ति के भवन का निर्माण करें। सत्य और न्याय की उपासना करने में हमें सांसारिक लाभ अथवा हानि की परवाह किए बिना ईमानदार और साहसी होना चाहिए।

—राइटिंग्स एंड स्पीचेज (भाग-1), पृ. 136-137

* * *

राजनीतिक सीढ़ी का पहला कदम है लोगों को सच्ची राजनीतिक विचारधारा में शिक्षित करना, उनको राष्ट्रीयता, स्वतंत्रता और एकता के मंत्र के साथ सच्ची देशभक्ति के धर्म में दीक्षित करना, भारतीय मन:स्थिति के अनुकूल हृदय की निष्ठा और भक्ति के साथ पूरा प्रयास करने की ओर प्रेरित करना। सर्वप्रथम हमें सभी प्रकार के स्वार्थ और

वर्ग-हितों को त्यागकर, उच्च और व्यापक देशभक्ति की भावना को अपनाना चाहिए, जिसमें भारत माँ की सारी संतानें प्रांत, धर्म, जाति और रंग के भेदभाव के बिना सम्मिलित हैं।

—राइटिंग्स एंड स्पीचेज (भाग-1), पृ. 137

❋ ❋ ❋

देशहित सर्वोपरि

हम चाहते हैं कि प्रत्येक भारतीय पर्याप्त रूप से देशभक्त और कर्तव्य-परायण हो और इस विश्वास के अनुसार आचरण करे कि देश का हित सर्वोपरि है और सारे निजी हितों से ऊपर है। हम चाहते हैं कि इस बात को नियमित रूप से, सर्वोच्च धर्म के रूप में सिखाया जाए, इसी से भारत की मुक्ति होगी।

—राइटिंग्स एंड स्पीचेज (भाग-1), पृ. 59

❋ ❋ ❋

धर्म

धर्म केवल ध्यान लगाने का नाम नहीं वरन् ध्यान लगाने तथा कार्य करने, दोनों का नाम है। धर्म सिखाया नहीं जा सकता, यह तो स्वत: उत्पन्न होता है। धर्म को जीवन से अलग करना बहुत खतरनाक कार्य है।

—महात्मा गांधी के नाम पत्र
(17 दिसंबर, 1919 को 'यंग इंडिया' में प्रकाशित)

❋ ❋ ❋

भारत जैसे एक अत्यंत धार्मिक देश में (जिसे कुछ लोग व्यंग्य में धर्म-आक्रांत भी कह देते हैं) धर्म की सहायता के लिए बिना समाज-सुधार के रूप में कुछ भी महत्त्वपूर्ण कर पाना शायद असंभव हो जाता। सामान्य जागृति के कारण, जो कि उदार शिक्षा के द्वारा पैदा हुई और पश्चिम के साथ अबाध संबंधों के कारण, जिससे इतने अधिक महत्त्वपूर्ण हित जुड़े हैं, भारत में समाज-सुधारों का जन्म होना स्वाभाविक ही था, परंतु यदि धर्म का इतनी तत्परता के साथ सुलभ सहयोग न मिलता तो प्रगति बहुत धीमी रहती और अनेक प्रकार से अत्यंत असंतोषजनक रहती।

—राइटिंग्स एंड स्पीचेज (भाग-2), पृ. 157

❋ ❋ ❋

मेरा दृढ़ विश्वास है कि हम तब तक एक संगठित भारत की रचना नहीं कर सकते और किसी रूप में स्वराज्य को प्राप्त नहीं कर सकते, जब तक धार्मिक नासूर समाप्त नहीं किया जाता। अपने संकीर्ण अर्थ में 'मजहब' भारत के लिए अभिशाप है, और जब तक इसकी स्थिति सर्वोपरि है, भारत के लिए कोई आशा नहीं है। मेरी राय में यह विचार

बकवास ही है कि संकीर्ण अर्थों में हम अच्छे हिंदू और अच्छे मुसलमान भी बने रहें और स्वराज्य भी प्राप्त कर लें।

—राइटिंग्स एंड स्पीचेज (भाग-1), पृ. 187

* * *

राजनीतिक दृष्टिकोण से यह और भी अधिक आवश्यक है कि धार्मिक मतभेद कम किए जाएँ। यह स्पष्ट है कि यदि भारत में हर व्यक्ति धर्म के नाम पर हर ऐसा कार्य करने के लिए स्वतंत्र छोड़ दिया जाए, जो वह अपने धर्म का अंग मानता है, तो एकता संभव नहीं है। एक संगठित भारत के लिए आवश्यक है कि उन मुद्दों पर बल दिया जाए, जिन पर विभिन्न धर्म सहमत हैं, बजाय उन मुद्दों के जहाँ मतभेद हैं और जिनके कारण वह विभाजित हैं। अत: संगठित भारत के विचार की यह माँग है कि जहाँ तक संभव हो, धर्मों और धार्मिक क्रियाओं में विवेक से काम लिया जाए।

—राइटिंग्स एंड स्पीचेज (भाग-2), पृ. 179

* * *

राष्ट्रीयता के विचार का पूर्ण अभाव नहीं, बल्कि पारंपरिक धार्मिक क्रियाओं और औपचारिक प्रदर्शनों के बोझ-तले प्राचीन हिंदू-धर्म की सही भावना का दब जाना ही हिंदुओं के पतन का कारण बना है। वह धर्म, जो मनुष्य अथवा राष्ट्र के चरित्र को दिशा देता है और उसका निर्माण करता है, उनको ऊपर उठाता है, नेक बनाता है, उनमें ऊँचे आदर्श जाग्रत् करता है, उच्च त्याग की भावना उत्पन्न करता है, बहुत दिन पहले हमसे विदा ले चुका है।

—राइटिंग्स एंड स्पीचेज (भाग-1), पृ. 41

* * *

धर्म और राजनीति

धर्म को राजनीति से अलग होना ही चाहिए। सामाजिक जीवन को अधिक विस्तृत किया जाना चाहिए और राजनीतिक जीवन को केवल विस्तृत राष्ट्रीय नीति पर ही आधारित किया जाना चाहिए। *—राइटिंग्स एंड स्पीचेज (भाग-2), पृ. 183*

* * *

धर्म और राष्ट्र

वर्तमान समय के हम अंग्रेजी पढ़े हुए हिंदू जो राष्ट्रीयता और देशभक्ति की नई भावना को पश्चिम से ग्रहण करने का दावा करते हैं, यदि वैदिक साहित्य के कुछ अध्यायों का ध्यान से मनन करें तो हमें सचमुच लाभ होगा और मुझे विश्वास है कि इस अध्ययन से हमारी दृष्टि के सामने नए विचारों की एक विस्तृत दृश्यावली खुल जाएगी। वैसे, यह सत्य है कि ईर्ष्यालु और दुराग्रही, भ्रष्ट और स्वार्थी पुजारियों की बुद्धि ने

कर्मकांड और रीतियों का ऐसा विशाल ढाँचा निर्मित कर दिया और धार्मिक संस्कारों, विधियों और औपचारिकताओं की ऐसी अगम भूल-भुलैया बना दी, जिसमें भ्रमित होकर धर्म की सच्ची भावना का लगभग लोप हो गया और वह राष्ट्र का अधिक समय तक आधार बनी न रह सकी।

—राइटिंग्स एंड स्पीचेज (भाग-1), पृ. 40-41

❋ ❋ ❋

धर्मांतरण

भारत में हिंदू-धर्म के प्रतिद्वंद्वी—इसलाम तथा ईसाई-धर्म, दोनों ही जनता का धर्मांतरण करनेवाले धर्म थे। इसलिए यह जरूरी हो गया था कि हिंदू-धर्म को भी यही स्वरूप प्रदान किया जाए। हिंदू-धर्म ने पहले भी धर्मांतरण किए थे, यह प्रतिदिन चुपचाप और अनजाने ही धर्मांतरण कर रहा था। आवश्यकता केवल इस बात की थी कि ऐसी जागरूक, कर्मठ, धर्मांतरणवाली भावना पैदा की जाए, जो इस काम में गर्व को उत्पन्न करे। स्वामीजी का अन्य धर्मों के प्रति यही दृष्टिकोण था। *—आर्यसमाज, पृ. 252*

❋ ❋ ❋

व्यक्तिगत रूप से, मैं एक धर्म से दूसरे धर्म में धर्मांतरण करने के विरुद्ध हूँ—चाहे वह मुसलमानों द्वारा किया जाए, चाहे ईसाइयों या हिंदुओं द्वारा, परंतु जब तक धर्मांतरण हमारे उन धार्मिक अधिकारों का अंग है, जो हम सभी धर्मों को समान रूप से प्रदान करने के लिए बाध्य हैं, हम किसी एक संप्रदाय के पक्ष में या किसी दूसरे के विपक्ष में कोई अपवाद नहीं कर सकते।

— पंजाब प्रांतीय सम्मेलन में अध्यक्षीय भाषण
(जरानवाला, दिसंबर, 1923; दि ट्रिब्यून, 9 दिसंबर, 1923)

❋ ❋ ❋

धर्मादेश

इस देश में हमारी जनता के विशाल बहुमत का ईसाइयों के दस धर्मादेशों से कोई विशेष लगाव नहीं है, क्योंकि इन धर्मादेशों के बनाए जाने के बहुत पहले से ही इनका सार हमारे पास विद्यामान है और हमें इनकी आवश्यकता नहीं। ये सभी धर्मादेश न केवल हमारे नियमों में उपस्थित रहे हैं, बल्कि हम इन पर (अपने विरोधी पक्ष के मित्रों को जब ये प्राप्त हुए, उससे पहले से ही) आरंभ से ही आचरण कर रहे हैं। अत: न तो हमें किसी धर्मादेश की आवश्यकता रही है, और न ही अब आवश्यकता है।

—केंद्रीय विधानसभा में भाषण (12 फरवरी, 1922)

❋ ❋ ❋

धार्मिक जीवन

कोई भी व्यक्ति तब तक धर्म का जीवन नहीं बिता सकता, जब तक उसका अंत:करण और बाह्य एक न हो जाए। जब तक वह सही दिशा में विचार न करे, सही दिशा में अनुभव न करे और सही दिशा में कार्य न करे। कोई भी ऐसी शिक्षा, जो हमें इस ओर प्रेरित न करे, धार्मिक कहलाने के योग्य नहीं है।

—महात्मा गांधी को पत्र

('यंग इंडिया' में 17 दिसंबर, 1919 को प्रकाशित)

* * *

धार्मिक प्रभाव

स्वस्थ धार्मिक प्रभाव चरित्र के विकास के लिए, व्यक्तिगत और राष्ट्रीय दोनों दृष्टि से आवश्यक होते हैं। मैं धर्म के विरुद्ध कुछ नहीं कह रहा हूँ। मेरी धारणा यह अवश्य है कि धर्म का बाह्य रूप केवल व्यक्ति या संप्रदाय का निजी मामला है और इसे विभिन्न धर्मों या संप्रदाय के अनुयायियों के बीच बाधा अथवा राजनीतिक भेदभाव पैदा करने की इजाजत नहीं दी जा सकती।

—राइटिंग्स एंड स्पीचेज (भाग-2), पृ. 183

* * *

धार्मिक स्वतंत्रता

यदि हम वास्तव में और ईमानदारी से एक संगठित भारत की कामना करते हैं, तो इस देश में विभिन्न धार्मिक समुदायों को इस बात में स्पष्ट अंतर करना होगा कि धर्म में यह अनिवार्य है और क्या अनिवार्य नहीं है। पूर्ण धार्मिक स्वतंत्रता का अर्थ उन क्रियाओं तथा रीतियों के पालन की अनियंत्रित स्वतंत्रता नहीं है, जिससे दूसरे समुदायों के न्यायोचित अधिकार प्रभावित हों या किसी अन्य प्रकार से उनकी भावनाओं को ठेस पहुँचे।

राइटिंग्स एंड स्पीचेज (भाग 2), पृ. 180

* * *

नारी

आज हिंदू-लोग अक्षम हैं, उनमें साहस का अभाव है, उद्यम का अभाव है, जीवन के प्रति चाह का अभाव है, उनमें उत्साह का अभाव है, संगठन का अभाव है। वे किसी समय की एक महान् जाति की बिखरी इकाई-मात्र हैं, क्योंकि उनकी नारियों की दशा ऐसी नहीं है जिसे स्वस्थ कहा जा सके।

—प्रांतीय हिंदू कॉन्फ्रेंस में भाषण (बंबई, 5 दिसंबर, 1925)

* * *

हिंदू-समुदाय की सबसे बड़ी आवश्यकता समुदाय की माताओं की यथाशक्ति सर्वोत्तम देखभाल करना है। एक हिंदू के लिए नारी लक्ष्मी, सरस्वती और शक्ति का मिला-जुला रूप होती है। इसका अर्थ यह है कि वह उस सभी का आधार है, जो सुंदर है, वांछनीय है और शक्ति की ओर उन्मुख करनेवाला है। और वह इसकी अधिकारिणी भी है। किसी जाति की माताएँ उसकी निर्मात्री होती हैं और जब तक उनकी दशा स्वस्थ नहीं होगी, जाति की दशा के बेहतर होने की आशा नहीं की जा सकती।

—प्रांतीय हिंदू कॉन्फ्रेंस में भाषण (बंबई, 5 दिसंबर, 1925)

❋ ❋ ❋

नियंत्रित शिक्षा

अपने बचपन के प्रारंभिक दिनों से ही मेरी ऐसी धारणा रही है कि विदेशी शासन के तत्त्वावधान में दी जानेवाली कोई भी शिक्षा पूरी तरह से देश अथवा शासित लोगों को लाभ नहीं कर सकती। हम जानते हैं कि सामान्यतया सभी सरकारें सर्वप्रथम अपने हितों का ध्यान रखती हैं और वे शैक्षिक संस्थाओं की स्थापना अपने को मजबूत बनाने के लिए करती हैं। इसी कारण से विश्व के शैक्षिक विचारकों ने राज्य द्वारा समुदाय के बच्चों की शिक्षा को नियंत्रित किए जाने की बुद्धिमत्ता में शंका व्यक्त की है।

—अखिल भारतीय महाविद्यालय छात्र-सम्मेलन में अध्यक्षीय भाषण (नागपुर, 25 दिसंबर, 1920)

❋ ❋ ❋

निर्भरता

विदेशी शासन की सबसे बड़ी बुराइयों में से एक है निर्भरता की प्रवृत्ति, जो यह अधीन लोगों में उत्पन्न कर देती है। यही मालिक की मेज पर से गिरे टुकड़ों के बँटवारे पर मतभेद और विभाजन का कारण बनती है।

—राइटिंग्स एंड स्पीचेज (भाग-1), पृ. 303

❋ ❋ ❋

नेक इनसान

मित्रो, ईमानदार इनसान बनने की कोशिश करो, नेक इनसान बनने की कोशिश करो, अपने प्रति सच्चे रहने की कोशिश करो और उस देश के प्रति सच्चे रहने की कोशिश करो जिसने तुम्हें जन्म दिया है। हमें राजनीतिज्ञ नहीं चाहिए, हम तो ईमानदार, स्पष्टवादी, सत्यभाषी स्त्री-पुरुष चाहते हैं, यही पर्याप्त है।

—यूरोप से भारत वापसी पर स्वागत के अवसर पर (बंबई, 20 फरवरी, 1920)

❋ ❋ ❋

नेता

आज देश को ऐसे नेताओं की आवश्यकता है, जो पूर्ण सच्चाई, स्पष्टवादिता, उदारता और निर्भीकता के साथ कृत-संकल्प हैं। हमें ऐसे नेता चाहिए, जो सामान्यजन की भाँति रह सकें, सामान्यजन जैसा भोजन कर सकें, सामान्यजन जैसे वस्त्र पहन सकें, कभी-कभी अपनी जीविका के लिए अपने हाथों से परिश्रम कर सकें और सामान्यजन के विचारों, चिंताओं और परेशानियों में हिस्सा बँटा सकें।

—राइटिंग्स एंड स्पीचेज (भाग-1), पृ. 313

❋ ❋ ❋

नेता वह है, जिसका नेतृत्व संतोष प्रदान करता है और प्रभावपूर्ण है, जो अपने अनुयायियों से सदैव अग्रणी रहता है, जो निर्भीक और साहसी है और सबसे ऊपर, उसकी नि:स्वार्थता संदेह से परे होती है। वह तभी तक नेता रहता है, जब तक उसके अंदर ये गुण रहते हैं। कोई भी व्यक्ति सदैव के लिए नेता नहीं हो जाता। एक प्रगतिशील समुदाय में नेतृत्व समय और परिस्थितियों के साथ बदलता रहता है।

—लाला लाजपतराय की जीवन-कथा, पृ. 214

❋ ❋ ❋

कुछ लोग हैं, जिनके लिए जय-जयकार जीवन-प्राण है, जिनका व्यक्तिगत जीवन नीचता से, संकीर्णता से, ईर्ष्या, लालच, स्वार्थ और प्रसिद्धि पाने की असीमित चाह से भरा है, परंतु वे जब मंच पर होते हैं तो मूसा, ईसा, बुद्ध और गोबिंदसिंह की नकल करते हुए गर्जन करते हैं। भारत इस समय परिवर्तन-काल में चल रहा है, इसमें ऐसे नेता भी हैं। हर राष्ट्र में होते हैं। इंग्लैंड, फ्रांस, अमरीका और जापान जैसे स्वतंत्र राष्ट्रों में भी इस प्रकार के नेता बड़ी संख्या में हैं। हमारी दशा अधिक दयनीय हो जाती है और अधिक ध्यान इसलिए खींचती है, क्योंकि हम गुलाम लोग हैं।

—राइटिंग्स एंड स्पीचेज (भाग-1), पृ. 311

❋ ❋ ❋

जब किसी गुलाम जाति के नेता शासकों के साथ स्वेच्छा से और तत्परता से एक ऐसे शासनतंत्र को बनाए रखने में सहयोग देना शुरू कर देते हैं, जो उनको मानव के रूप में प्राप्त मौलिक अधिकारों से वंचित कर देता है, तो ऐसे नेता देश के सर्वोत्तम हितों के प्रति बेईमान होने के आरोप से बच नहीं सकते।

—राइटिंग्स एंड स्पीचेज (भाग-2), पृ. 92

❋ ❋ ❋

जब तक देश का नेतृत्व ईमानदार और निष्ठावान व्यक्तियों के हाथों में है, मुझे इसमें संदेह नहीं है कि देर-सवेर वे इस बात को महसूस करेंगे कि आजादी मिलती नहीं

वरन् जीती जाती है। राष्ट्र स्वयं बनते हैं, यह एक चिरंतन सत्य है; हर युग के लिए और सभी लोगों के लिए है, और हमारे लिए भी इसमें कोई भिन्नता नहीं हो सकती। हम अपने नेताओं से आकांक्षा करते हैं कि वे आगामी संघर्ष के लिए प्रजातंत्र को तैयार करने के कार्य में अपने को जी-जान से लगा देंगे।

—राइटिंग्स एंड स्पीचेज (भाग-1), पृ. 129

❋ ❋ ❋

नेता वह होता है, जिसका नेतृत्व संतुष्ट करता है और प्रभावशाली होता है, जो हमेशा अपने अनुयायियों से आगे रहता है, जो निर्भीक होता है, साहसी होता है, और जिसकी नि:स्वार्थता संदेह से परे होती है। जब तक उसके अंदर ये गुण बने रहेंगे, वह नेता बना रहेगा। कभी-कभी नेता का यह कर्तव्य होता है कि वह अपने अनुयायियों को रोके, नियंत्रित करे, सावधान करे, लेकिन उसका अपना चिंतन यदि उसके अनुयायियों से पिछड़ जाए तो यह कार्य असंभव हो जाता है।

—राइटिंग्स एंड स्पीचेज (भाग-1), पृ. 308

❋ ❋ ❋

भारत के राजनीतिक नेता रोटी के टुकड़ों पर लड़ रहे हैं। वे प्रेतों से डरते हैं और जो चीज उन्हें भयभीत कर रही है, वह सरकार की शक्ति नहीं वरन् उनकी अपनी कमजोरी है। उनमें आत्मविश्वास का अभाव है। उनमें से कुछ तो आराम-कुरसी के राजनीतिज्ञ हैं, जो अपने लाभ के लिए लिखते हैं, अपनी कमाई का एक जरा-सा अंश कभी-कभी चंदे में दे देते हैं। वे जनता के लिए सोचते हैं और द्रवित करनेवाली भाषा में भाषण करते हैं, लेकिन जनता के साथ सहभागी नहीं बनते। उनके और जनता के बीच एक खाई है, जिसे उन्होंने कभी पाटने की कोशिश नहीं की।

—राइटिंग्स एंड स्पीचेज (भाग-1), पृ. 306

❋ ❋ ❋

भारत में सामाजिक जीवन को एक वैज्ञानिक आधार पर पुनर्निर्मित करना चाहिए। संघर्ष लंबा और उबाऊ होगा, लेकिन जो लोग इस बात की महत्ता समझते हैं, उन्हें इसे झेलना ही होगा। प्रवर्तकों का पीछा किया जाएगा, उनकी भर्त्सना की जाएगी, उन पर क्रूरतापूर्वक आक्रमण किए जाएँगे। परंतु भले ही वे जख्मी और विदीर्ण हो जाएँ, उन्हें लड़खड़ाना नहीं होगा। उन्हें सत्य ही बोलना होगा और देशवासियों को प्रगति के मार्ग पर आगे बढ़ाना होगा।

—राइटिंग्स एंड स्पीचेज (भाग-1), पृ. 374

❋ ❋ ❋

मेरी राय में यह अत्यंत महत्त्वपूर्ण और आवश्यक है कि कांग्रेस-आंदोलन के सर्वोत्तम बुद्धि और सर्वश्रेष्ठ मस्तिष्कवाले लोग देश को संगठित तथा शिक्षित करने के काम में लगें। नेताओं को इतना समय व अवसर मिले कि वे तर्कसहित विचार कर सकें, गहराई से तथा निकटता से विचार कर सकें। वे प्रश्न पर सत्य के खोजियों की दृष्टि से और ज्ञान के इच्छुक की दृष्टि से विचार कर सकें।

—दि ट्रिब्यून (18 नवंबर, 1923)
(राइटिंग्स एंड स्पीचेज, भाग-2, पृ. 139

* * *

नौकरशाही

हमें इस लोक या परलोक में कोई कार्य ऐसा नहीं करना चाहिए, जो नौकरशाही के हाथ मजबूत करे। वर्तमान स्वरूप में या किसी अन्य स्वरूप में इस शासन को बनाए रखने के लिए कुछ भी करना निश्चित रूप से पाप है।

—अखिल भारतीय कॉलेज छात्र कॉन्फ्रेंस में भाषण
(नागपुर, 25 दिसंबर, 1920)

* * *

न्याय

सरकार क्या है, यदि वह कानून का साकार रूप नहीं है। यह सही है कि इसके पास कानून को बदलने की शक्ति है, किंतु कुछ औपचारिकताएँ पूरी करने के बाद ही। जब तक कोई कानून है और निर्धारित प्रक्रिया के अनुसार उसे बदला नहीं गया है, तब तक सरकार और जनता दोनों इससे बँधे हैं। अत: जब कभी लोग यह देखें कि व्यवस्था कानून को तोड़ने पर आमादा है और उस शक्ति को धारण करने का यत्न कर रही है, जो कानून के द्वारा देय नहीं है, तो प्रतिवाद करना उच्चतम वफादारी है। कानून के प्रति वफादारी सरकार के प्रति वफादारी है।

—इंडियन एसोसिएशन के तत्त्वावधान में आयोजित सभा में भाषण
(लाहौर, 9 दिसंबर, 1905)

* * *

परतंत्रता

प्रगति का अर्थ और कुछ नहीं स्वतंत्रता की दिशा में बढ़ना है। आपके पूर्वजों ने आपको सिखाया है कि जैसे ही स्वतंत्रता की भावना हमारे मन में लुप्त होती है वैसे ही परतंत्रता की भावना हमारे मन में आ जाती है। यदि आप परतंत्रता की भावना को पूरी

तरह छोड़ नहीं सकते तो कम-से-कम इसे कम तो कीजिए।

—विदेश से भारत-वापसी पर स्वागत के अवसर पर

(बंबई, 20 फरवरी, 1920)

* * *

परिस्थिति

परिवर्तित परिस्थिति के अनुसार हमारी आयोजनाओं में परिवर्तन करने में किसी अपमान का अनुभव नहीं होना चाहिए। काल ही महान् चिकित्सक है। राष्ट्रीय जीवन में उसका भारी हाथ है। हमें ठंडे दिल से काल के कल्याणकारी हस्तक्षेप पर विश्वास रखना चाहिए। साथ ही राष्ट्र-निर्माण का कार्य ऐसे मार्गों द्वारा चलाने की कोशिश करनी चाहिए, जहाँ सरकार के भ्रम की कम आशंका हो।

—लाला लाजपतराय की जीवनी, पृ. 279

* * *

पारस्परिक सद्भावना

पारस्परिक सद्भावना का वातावरण तैयार करने और संगठित भारत का निर्माण करने के लिए यह अत्यंत आवश्यक है कि वर्तमान पूर्वाग्रहों को छोड़ दिया जाए। उन संप्रदायों का संगठित राष्ट्र नहीं बनाया जा सकता, जिनके बीच सामाजिक आदान-प्रदान के विषय में इतने बंधन लगाए जाएँ और माने जाएँ। इसके अतिरिक्त इस प्रथा का उन्मूलन अन्य प्रकार से भी हिंदू-धर्म के लिए लाभकारी रहेगा। यह किसी मुसलमान द्वारा अपना छुआ भोजन या पानी किसी हिंदू को खिला-पिलाकर जबरदस्ती किए गए धर्मांतरण का डर भी हृदय से निकाल देगा।

—राइटिंग्स एंड स्पीचेज (भाग-दो), पृ. 190

* * *

पुनर्जन्म और पुनर्निर्माण

...हमें सुधारों की नहीं, पुनर्जन्म और पुनर्निर्माण की आवश्यकता है। राष्ट्र के रूप में हम मृत हो चुके हैं। हमारा वर्तमान प्रयास हमारे फिर से जन्म लेने का है। हमारे पुनर्जन्म के तथ्य से क्रांति का आकलन किया जाएगा; लेकिन जब तक हम महीनों और वर्षों इसकी तैयारी में विकास की अवधि से नहीं गुजरेंगे, यह नहीं हो सकेगा। इस विकास की अवधि में हमें बहुत कष्ट-दुःख बरदाश्त करने होंगे, बहुत धैर्य रखना और सहन करना होगा, बहुत दर्द और पीड़ा झेलनी होगी। यदि हमें फिर से जन्म लेना है तो यह सहन करना ही होगा। *—राइटिंग्स एंड स्पीचेज (भाग-2), पृ. 109*

* * *

पूँजीवाद

पूँजीवाद, साम्राज्यवाद का ही दूसरा नाम है।

—राइटिंग्स एंड स्पीचेज (भाग-2), पृ. 121-22

शस्त्रीकरण और साम्राज्यवाद, पूँजीवाद के दो बच्चे हैं। ये तीनों एक रूप हैं। इनकी छाया, इनके फल, इनकी छाल, सभी जहरीली हैं। इसके निवारण का उपाय अभी हाल ही में खोजा गया है और वह है संगठित श्रम।

—प्रथम अखिल भारतीय ट्रेड यूनियन कांग्रेस में अध्यक्षीय भाषण
(बंबई, 7 नवंबर, 1920)

* * *

प्रकृति-सौंदर्य

गंगा की पवित्रता की अतिशयोक्तिपूर्ण धारणा के लिए धर्मप्राण हिंदू की मान्यता उसके अनन्य प्रकृति-प्रेम पर आधारित है, जिसकी भव्यता और सौंदर्य देखकर उसके हृदय में सृष्टिकर्ता के लिए अत्यंत प्रेम और अपार प्रशंसा का भाव उदय होता है। इनसे उसको उस सर्वव्यापक प्रभु का ध्यान करने में सहायता मिलती है और वह सर्वशक्तिमान प्रभु के चरणों में पहुँच जाता है। हिमालय के उस भाग को छोड़कर, जहाँ से गंगा निकलती है और समुद्र की ओर का मार्ग तय करने के लिए बहती है, पृथ्वी पर और कौन-सा स्थान ऐसा है, जहाँ किसी व्यक्ति को प्रकृति से उसके अप्रतिम सौंदर्य, शुद्धता और सजीवता से, इतने अधिक घनिष्ठ और आत्मीय संपर्क में आने का अवसर मिलता है?

—आर्यसमाज, पृ. 26-27

* * *

प्रगति और कष्ट

प्रगति की ओर प्रत्येक चरण का अर्थ है बेचैनी, शांति में कुछ कमी, वर्तमान स्थिति में कुछ अव्यवस्था। उन्नति यदि अशांति नहीं है, बड़े, मोटे और स्पष्ट शब्दों में यदि अशांति नहीं है, तो क्या है? अतः मेरे देशवासियो, यदि आप उन्नति की भावना से प्रेरित हैं, चाहे यह धार्मिक है, सामाजिक अथवा राजनीतिक, आपको अशांति के नरक से गुजरना होगा।

—अंबाला में पंजाब राजनीतिक कॉन्फ्रेंस में भाषण
('द पंजाबी' में 10 अक्तूबर, 1906 को प्रकाशित)

* * *

प्रगति की राह

प्रगति की राह मृत विचारधाराओं और आदर्शों से अवरुद्ध है और मरणासन्न

सिद्धांतों और विश्वासों की लाशों से पटी है। जीवित और मृत दोनों ही उस प्रदूषित पर्यावरण की बदबू और घुटन से छुटकारा पाने के लिए संघर्ष कर रहे हैं, जो उस विशाल जनसमुदाय के लिए घुटनभरा है, जो अभी जीवित है और जीने की चाह रखता है। मानव-जाति मौत के संघर्ष में लगी है।

—न्यूयार्क में एक विदाई-भोज में भाषण (28 नवंबर, 1919)

* * *

प्रजातंत्र

आज प्रजातंत्र की चर्चा है, किंतु वह प्रजातंत्र नहीं, जिसने एक ही महायुद्ध में प्राचीन विश्व को अपने अंत के निकट पहुँचा दिया है। हमसे एक नए प्रकार के प्रजातंत्र का वायदा किया जा रहा है, जिसमें रंग, धर्म, जाति, सभ्यता या संस्कृति का कोई भेदभाव नहीं किया जाएगा। यह मनुष्य-मनुष्य के बीच किसी ऐसी बाधा को मान्यता नहीं देगा, जो कृत्रिम सामाजिक भेदभाव का परिणाम है। इसका ध्येय मनुष्य की गरिमा को ऊपर उठाना है। ऐसी परिस्थिति में, हमारा यह कर्तव्य है कि हम पहले से भी अधिक ध्यान उन स्त्री-पुरुषों का रखें, जो अत्यंत साधारण हैं और उनको अपने भाग्य के निर्णय में स्वर प्रदान करें।

— भारतीय राष्ट्रीय कांग्रेस के विशेष अधिवेशन में अध्यक्षीय भाषण (कलकत्ता, 4 सितंबर, 1920)

* * *

हम ऐसा प्रजातंत्र चाहते हैं, जिसमें भारत के सभी लोग सम्मिलित हों; जिसमें न कोई मालिक, न दास, न पूँजीपति और न मजदूर मात्र, न भूमिपति माना जाए और न ही केवल कृषक, न शासक वर्ग और न शासित। हम ऐसा प्रजातंत्र चाहते हैं, जिसमें सभी भाई हों, नागरिक हों और सहकर्मी हों। यह आवश्यक नहीं कि हमारे द्वारा लक्षित भावी प्रजातंत्र में संपत्ति का उन्मूलन होगा या कोई धनी और निर्धन नहीं होगा। धनी और निर्धन तो सापेक्ष शब्द हैं। एक प्रजातंत्र में उस पूँजीवादी समाज की बुराइयों के बिना, जिनके बोझ के तले आधुनिक यूरोप कराह रहा है, कुछ धनी और कुछ निर्धन हो सकते हैं।

—राइटिंग्स एंड स्पीचेज (भाग-2), पृ. 168

* * *

हमें ऐसी मशीन के विरुद्ध कोई पूर्वाग्रह नहीं है, जो कुटीरों में प्रयोग की जा सकती हो और यदि कभी बिगड़ जाए तो सुधारने के लिए अधिक यांत्रिक दक्षता की आवश्यकता न पड़े। हम अन्य लोगों की जरूरतों से कोई लाभ कमाना नहीं चाहते। तब हम विशाल स्तर पर उत्पादन क्यों करें? यदि हम ऐसे प्रजातंत्र की स्थापना कर सकें, जो सादा जीवन उच्च विचार के प्रति प्रतिबद्ध हो, जिसमें वेतन के लिए कार्य की भावना

न्यूनतम हो, जिसमें हम पूर्णतया आत्मनिर्भर रहें, तो हमारे लिए जीवन की आदर्श दशा होगी।

—राइटिंग्स एंड स्पीचेज (भाग-2), पृ. 124

* * *

प्रस्ताव

यदि आप प्रस्ताव पारित करते हैं तो आपका कर्तव्य हो जाता है कि आप उसके अनुसार कार्य करें। जोश की अधिकता में अथवा किसी को प्रसन्न करने के लिए प्रस्ताव पारित मत करो।

—अखिल भारतीय कॉलेज छात्र कॉन्फ्रेंस में भाषण (नागपुर, 25 दिसंबर, 1920)

* * *

प्राचीन आर्य

प्राचीन आर्यों के प्रति अपनी श्रद्धा के विषय गें गैं किसी की बात सुनने को तैयार नहीं हूँ। मैं उनकी महान् उपलब्धियों पर उतना ही गर्व करता हूँ, जितना कोई अन्य। उन्होंने मानवीय ज्ञान को इस सीमा तक आगे बढ़ाया कि आधुनिकों के लिए प्रगति करना संभव हो सका। मुझे उनकी विद्वत्ता पर गर्व है, उनकी आध्यात्मिकता पर गर्व है, उनकी नैतिकता पर गर्व है और उनकी साहित्यिक उपलब्धियों पर गर्व है, परंतु मैं इस तथ्य से आँखें नहीं मूँद सकता कि विश्व ज्ञान के क्षेत्र में तबसे कहीं अधिक आगे बढ़ गया है। और यदि ज्ञान ही बुद्धिमत्ता है तो हमें यह भी मानना होगा कि आज विश्व तीन हजार वर्ष पहले की अपेक्षा अधिक बुद्धिमान है।

—राइटिंग्स एंड स्पीचेज (भाग-1), पृ. 363

* * *

प्राचीन शिक्षा-पद्धति

प्राचीन शिक्षा पद्धति, जो गुरु-चेले के व्यक्तिगत संबंधों पर बल देती थी, कुछ मामलों में अच्छी थी और कुछ में हानिकारक। व्यक्तिगत संबंध मानवीय तत्त्व की पूर्ति करते थे, जिसका आजकल अभाव है। यह उन आदतों के निर्माण की ओर अधिक ध्यान देने की एक गारंटी थी, जो चरित्र को बनाती हैं। दूसरी ओर, इसकी प्रवृत्ति शिष्य के मस्तिष्क को दास बनाने की थी। *—राइटिंग्स एंड स्पीचेज (भाग-1), पृ. 364*

* * *

प्रेरणास्पद व्यक्ति

युवा भारत को जिन लोगों से प्रेरणा लेनी चाहिए, वे ऐसे लोग हैं, जो अपने परिश्रम की कमाई खाते हैं, जो उत्पादक हैं या रहे हैं, जो जानते हैं कि गरीबी, अज्ञानता, अवसर

के अभाव और अधीनता का दूसरों के लिए क्या महत्त्व है ?

—राइटिंग्स एंड स्पीचेज (भाग-1), पृ. 311

* * *

बहिष्कार

देश में विद्यमान आर्थिक असमानताओं में बहिष्कार एक स्वस्थ परिवर्तन लाया है। इसने लोगों का ध्यान देश को आर्थिक बरबादी से बचाने की संभावनाओं की ओर खींचा है कि सरकार के हस्तक्षेप के बिना वे ऐसे उपायों को अपनाकर भी देश के आर्थिक शोषण को रोक सकते हैं, जिन्हें सरकार को कानूनन लागू करना चाहिए था, परंतु अंग्रेज व्यापारियों के हित में सरकार ऐसा करने में असफल रही।

—इंडियन एसोसिएशन के तत्त्वावधान में आयोजित सभा में भाषण
(लाहौर, 6 दिसंबर, 1905)

* * *

बहिष्कार वस्तुतः एक राजनीतिक अस्त्र के रूप में आरंभ किया गया था, ताकि भारत में शक्तिशाली अंग्रेजी राष्ट्र पर दबाव डाला जा सके। इसने भारतीयों में अपने देश की औद्योगिक समस्या के प्रति कर्तव्य-भावना जाग्रत् करने में बहुत उपयोगी भूमिका निभाई।

—इंडियन एसोसिएशन के तत्त्वावधान में आयोजित सभा में भाषण
(लाहौर, 9 दिसंबर, 1905)

* * *

बाधा

कठिनाइयों का एकमात्र हल साहसपूर्ण आस्था और दृढ़तापूर्वक धैर्य ही है। आस्था और साहस से आगे बढ़ते जाओ और कोई बाधा ऐसी नहीं है, जो जीती न जा सके, कोई ऊँचाई ऐसी नहीं जो प्राप्त न की जा सके।

—गुरुकुल काँगड़ी में दलित वर्ग कॉन्फ्रेंस में अध्यक्षीय भाषण
['दि ट्रिब्यून'(21-22, 1913)]

* * *

बालक

माता-पिता और शिक्षकों को बच्चे का सम्मान करना और उसके प्रति आदर की भावना रखना सीखना चाहिए। कोई जापानी कभी किसी बच्चे को नहीं पीटता, फिर भी जापानी बच्चे समझदारी के नमूने हैं। ऐसी पद्धति, जो शिक्षक अथवा अभिभावक के आधिपत्य पर बल दे, जो मानव-प्रकृति और मानव-स्वभाव के प्रति संदेह पर आधारित

हो, जो बचपन और किशोरावस्था पर विश्वास न करती हो, जो खुल्लमखुल्ला नियंत्रण, अनुशासन और अधीनता की हामी हो, जो शिक्षा देने के तानाशाही ढंग की पक्षधर हो, जो लड़के-लड़कियों की जन्मजात प्रवृत्तियों का सम्मान न करती हो, आत्मनिर्भर, आक्रामक, प्रगतिशील युवक-युवतियाँ तैयार करने के लिए एक आदर्श पद्धति नहीं है। *—राइटिंग्स एंड स्पीचेज (भाग-1), पृ. 368*

* * *

बाल-विवाह

बाल-विवाह एक घृणास्पद स्थिति है। यह औचित्य और उत्तरदायित्व की भावना के विरुद्ध है। छोटी आयु में विवाह होना व्यक्ति और जाति दोनों के लिए अत्यंत हानिकारक है। आम राय यह है कि किसी भी हालत में लड़कों का विवाह 18 वर्ष और लड़कियों का 14 वर्ष की अवस्था से पहले नहीं होना चाहिए। धर्म का इस प्रश्न से कोई संबंध नहीं है।

—आगरा में प्रदेशीय हिंदू-सम्मेलन में अध्यक्षीय भाषण
(27-28 अक्तूबर, 1928)

* * *

शिक्षित भारत ने एक आवाज से बाल-विवाह की प्रथा की भर्त्सना की है। इसने नवयुवकों द्वारा अपनी पत्नियों को चुनने की अनुमति देने के पक्ष में भी घोषणा की है, परंतु इसने अभी तक लड़कियों को भी यह अधिकार प्रदान नहीं किया है। शायद यह लड़कियों में शिक्षा का अभाव और उनकी आर्थिक पराधीनता के कारण है। यह स्पष्ट है कि सुखी विवाह की प्रथम शर्त दोनों पक्षों द्वारा अपना सहधर्मी चुनने की स्वतंत्रता है।

—राइटिंग्स एंड स्पीचेज (भाग-1), पृ. 385

* * *

बोल्शेववाद

सरकारी पक्ष के सदस्य बोल्शेववाद के बीज बो रहे हैं। मुझे बोल्शेववाद के प्रति न तो कोई विशेष आकर्षण है, और न ही मैं इससे डरता हूँ। परंतु मैं आपको ईमानदारी से, नेकनीयती से और विनम्रता से यह बतला दूँ कि यदि आप कुछ वर्षों तक इसी प्रकार चलते रहे तो हिमालय की ऊँचाइयाँ भी भारत के मैदानों में बोल्शेववाद का प्रवेश नहीं रोक सकेंगी। इसको कोई नहीं रोक सकता। आप वे स्थितियाँ, परिस्थितियाँ और वातावरण पैदा कर रहे हैं, जो बोल्शेववाद को जन्म देते हैं; और यदि यह आ गया, जैसा कि निश्चित है, तो इसका उत्तरदायित्व पूर्णतया आप पर होगा।

—केंद्रीय विधानसभा में भाषण (19 मार्च, 1928)

* * *

ब्रिटिश राज

आज सामान्य नागरिक के मस्तिष्क में ब्रिटिश राज न्याय और निष्पक्षता का पर्यायवाची नहीं रह गया है। जितना ही अधिक सर माइकेल ओ, डायर जैसे लोग इसको दलदल में घसीटेंगे, उतना ही अधिक यह अपना यश खोता जाएगा।

— भारतीय राष्ट्रीय कांग्रेस के विशेष अधिवेशन में अध्यक्षीय भाषण
(कलकत्ता, 4 सितंबर, 1920)

* * *

ब्रिटिश शासन और भारतीय

भारत में ब्रिटिश सरकार एक मशीन है, एक आत्मारहित मशीन, एक निर्दयी मशीन, जो केवल पीसना और नष्ट करना जानती है। क्या हमें पता नहीं कि इस मशीन ने हमें कंगालों की दशा तक पहुँचा दिया है। 155 या 175 वर्ष के ब्रिटिश शासन के बाद हमारी स्थिति आज हमारे ही देश में क्या हो गई है ? हमसे कहा जाता है कि हम किसी भी काम के लिए अनुपयुक्त हैं। हम केवल कर चुकाने के लिए उपयुक्त हैं, औजारों के रूप में प्रयुक्त होने के लिए उपयुक्त हैं, परंतु हम उस सब कार्य के लिए अनुपयुक्त हैं जिसकी एक आत्मसम्मानी राष्ट्र से आशा की जा सकती है।

— केंद्रीय विधानसभा में साइमन कमीशन के बायकाट पर प्रस्ताव
(16 फरवरी, 1928)

* * *

ब्रिटिश सरकार (दे. अंग्रेजी सरकार)

भारत की मूलभूत शिकायतें कौन सी हैं ? हमारी पहली शिकायत तो यह है कि भारत सरकार एक अनुपस्थित जमींदार के समान है, जो भारत के लोगों के प्रति किसी प्रकार से उत्तरदायी नहीं है। लोगों की संविधान में या इसमें नवीनीकरण में कोई आवाज नहीं है। हमारी दूसरी शिकायत यह है कि भारत की सरकार मुख्य रूप से ब्रिटिश पूँजीपतियों के हित में कार्य करती है और भारत की वित्तीय नीति के निर्धारण में ब्रिटिश हितों का पहले ध्यान रखा जाता है। भारत एक ऐसी नौकरशाही द्वारा शासित है, जो प्रजाति, धर्म, राष्ट्रीयता की दृष्टि से विदेशी है। भारतीयों के साथ गुलामों जैसा व्यवहार किया जाता है, जो शस्त्र रखने, लेकर चलने और बनाने के अयोग्य माने जाते हैं; उनको मुक्त शिक्षा, मुक्त भाषण और मुक्त समाचारपत्रों के लाभों से वंचित किया जाता है। वे लाखों की संख्या में अकाल और महामारियों से और अस्वस्थ दशाओं से मर जाते हैं, और इनसे बचाने के लिए पर्याप्त साधनों का अभाव होता है। ये सब तथ्य इन ऊपरलिखित दो

मूलभूत कारणों के ही परिणाम हैं।

—राइटिंग्स एंड स्पीचेज (भाग-1), पृ. 287-88
(न्यूयॉर्क से एडविन मांटेग्यू को पत्र, 15 सितंबर, 1917)

* * *

भविष्य

अतीत में रहने का प्रयास करना न केवल व्यर्थ है, बल्कि मूर्खतापूर्ण भी है। जिस चीज की ओर हमें ध्यान देने की आवश्यकता है वह है भविष्य। यदि भविष्य के भारत को एक संपूर्ण, स्वस्थ और कर्मठ जीवन जीना है, उस महत्त्व के अनुरूप जो भारत का रहा है; तो उसको शेष विश्व के साथ घनिष्ट संपर्क में आना होगा। यदि इसको विश्व के राष्ट्रों में अपना उचित स्थान ग्रहण करना है तो इसको अपनी बौद्धिक, मानसिक और सामान्य मानवीय शक्तियों का अत्यंत लाभप्रद एवं शक्तिशाली ढंग से उपयोग करना होगा।

—राइटिंग्स एंड स्पीचेज (भाग-1), पृ. 362

* * *

भारत

भारत इस पृथ्वी पर हजारों वर्षों से विद्यमान है और समस्त कर्जनों, सिडेनहमों और मार्निंग पोस्ट जैसे अखबारों के चले जाने और भुलाए जाने के बाद भी हमेशा ही रहेगा, यदि कोई भूगर्भीय विपत्ति इस पर न आ जाए। भारत में सभी किस्मों के अच्छे, बुरे, उदासीन, हितैषी और अत्याचारी शासक हुए हैं। वे सब चले गए। उनकी स्मृति अच्छी, बुरी, उदासीन उनके कार्यों में निहित है। ऐसा ही अंग्रेजी शासन के साथ भी होगा।

—न्यूयॉर्क से एडविन मांटेग्यू के नाम खुला पत्र (15 सितंबर, 1917)

* * *

भारत एक विशाल देश है, जिसके पास असीमित साधन और शक्तियाँ हैं; और जिसमें पूरी मानव-जाति का पाँचवाँ भाग रहता है। भारत के लोकतंत्र बने बिना विश्व लोकतंत्र के लिए सुरक्षित नहीं रह सकता। न ही भारत के लोगों की संतुष्टि के अनुसार भारत की समस्या को सुलझाए बिना विश्व स्थायी शांति के बारे में सोच सकता है। भारत की वर्तमान स्थिति विश्वशांति के लिए तथा प्रजातांत्रिक दिशा में इसके विकास के मार्ग में बाधक है। भारत न केवल कच्चा माल, खाद्यान्न, धातु और व्यापारिक सामान ही दे सकता है, बल्कि विचारधारा और आदर्श भी दे सकता है।

—न्यूयॉर्क के एक विदाई भोज में भाषण (28 नवंबर, 1919)

* * *

भारत एक सोये सिंह के समान है। जब यह जागेगा तो उस शक्ति के साथ जागेगा, जिसके पीछे इसकी प्राचीन महानता का बल होगा। अनेक क्रांतियों से गुजरने के बाद भी

हम कभी स्वार्थी नहीं रहे हैं, न ही हम कभी अत्याचारी रहे हैं। हमारे पीछे बीसियों पीढ़ियों का सदाचारपूर्ण आचरण रहा है, और इसीलिए, भले ही हम गिर गए हों, भले ही पद-दलित हों, भले ही हम कमजोर हों, भले ही हमारे साथ अपमान का व्यवहार किया जाता हो, हमारे अंदर उठने की और एक बार फिर से महान् बनने की सामर्थ्य है।

—यूरोप से भारत वापसी पर स्वागत के अवसर पर (बंबई, 20 फरवरी, 1920)

❊ ❊ ❊

भारत को निर्धन कानूनों का पता ही नहीं था, न ही उसे किसी निर्धन कानून की आवश्यकता ही थी। देश में न अनाथालय थे, न वृद्धावस्था पेंशन थी और न विधवाओं के आश्रम थे। भारत में संगठित रूप से दान की प्रथा भी नहीं थी। अकाल को छोड़कर शायद ही कभी कोई व्यक्ति भोजन या वस्त्र के अभाव में मरता हो। आतिथ्य-सत्कार मुक्तभाव से होता था और ऐसा धर्म या कर्तव्य की भावना से किया जाता था, किसी दान या मेहरबानी दिखाने की भावना से नहीं। कारीगर अपनी चीजें अपने हाथ से अपने घर में बनाते थे और उसमें उन्हें आनंद व गर्व का अनुभव होता था। अब हर बात खत्म हो गई, न आनंद रहा, न गर्व, केवल मुनाफा रह गया है।

—राइटिंग्स एंड स्पीचेज (भाग-1), पृ. 342

❊ ❊ ❊

भारत धरती का एक ऐसा भाग है और इसकी जनसंख्या इतनी अधिक है कि पूरी मानवजाति की भलाई और सच्ची अंतरराष्ट्रीयता में रुचि रखनेवाला कोई भी व्यक्ति इसके महत्त्व की उपेक्षा नहीं कर सकता। यह पूर्वी संस्कृति की धुरी है। हिंदू-धर्म के घर के नाते, बौद्ध-धर्म के जन्मस्थान के नाते और इसलामिक क्रियाकलापों के एक अत्यधिक सजीव केंद्र के नाते, इसका एशिया में अद्वितीय स्थान है। यह एशिया का दिल है, हिंद महासागर की कुंजी है, एशिया के अधिकांश व्यापार की मंडी है। यह एशियाई संस्कृति का केंद्र भी है। चीन और जापान इसे श्रद्धा से नमन करते हैं और मध्य एशिया तथा पश्चिमी इसलामी देश इसकी ओर सहारे और सहानुभूति के लिए निहारते हैं।

—राइटिंग्स एंड स्पीचेज (भाग-2), पृ. 18

❊ ❊ ❊

यह आधुनिक जीवन की एक त्रासदी है कि भारत जैसे महान् देश के लोग एक पूरी तरह से भौतिकवादी साम्राज्यवाद के हाथों प्रताड़ित हों, सर्वाधिक जंगली सैन्यवाद द्वारा दबाकर रखे जाएँ। (कभी-कभी मार भी डाले जाएँ या गोली से उड़ा दिए जाएँ) और एक सर्वाधिक पकड़वाले, एक उन्नत किस्म के उद्योगवाद के द्वारा शोषित किए जाएँ।

—राइटिंग्स एंड स्पीचेज (भाग 2), पृ. 19

❊ ❊ ❊

भारत का इतिहास

भारत का इतिहास प्रागैतिहासिक काल में पहुँच रहा है, इसकी संस्कृति इतनी प्राचीन है कि सर्वश्रेष्ठ पुरावेत्ताओं की शोध भी चकरा गई है। कोई भी व्यक्ति न तो इसके आरंभ का निर्धारण कर सकता है और न ही निश्चितता और विश्वास के साथ इसके विकास का पता लगा सकता है। इसकी जनसंख्या में विश्व के सभी धर्मों व प्रजातियों का प्रतिनिधित्व है। इसके लोग विभिन्न भाषाएँ बोलते हैं और अनेक धर्मों के अनुयायी हैं। वे सभ्यता के विभिन्न स्तरों पर हैं। लेकिन कोई इस बात से इनकार नहीं कर सकता कि इसकी अपनी भौगोलिक, सांस्कृतिक, ऐतिहासिक एकता है जो इसको दूसरे देशों और संसार के अन्य राष्ट्रों से पर्याप्त रूप से और स्पष्ट रूप से अलग करती है।

—राइटिंग्स एंड स्पीचेज (भाग-2), पृ. 157

* * *

भारत-भूमि

आप (इंग्लैंड के प्रधानमंत्री डेविड लायड जार्ज) इस बात को महसूस नहीं कर सकते कि एक भारतवासी अपने देश को कितना प्यार करता है। वह विदेश में जाकर मनुष्यों पर शासन करने की अपेक्षा भारत में रहकर भूखों मरना पसंद करेगा। उसके लिए भारत देवताओं का देश है, उसके पूर्वजों की देवभूमि है। यह ज्ञान की भूमि है, आस्था की भूमि है, सौंदर्य की भूमि है। यह प्राचीन आर्यों की ज्ञानभूमि, धर्मभूमि, पुण्यभूमि है। यह उसके पूर्वजों की वेदभूमि है, वीरभूमि है। निस्संदेह, यह उसके लिए सर्वश्रेष्ठ भूमि है। यही एकमात्र ऐसी भूमि है, जहाँ वह रहना चाहता है और इससे भी अधिक जहाँ वह मरना चाहता है।

—अमेरिका से इंग्लैंड के प्रधानमंत्री को लिखा खुला पत्र (13 जून, 1917)

* * *

भारत में जाति-व्यवस्था

वैदिक साहित्य के अध्ययन से यह बात स्पष्ट हो जाती है कि हिंदू-धर्म के मूल स्रोतों के आधार पर उस व्यवहार की पुष्टि नहीं की जा सकती जैसा कि ऊँची जातियों के हिंदू तथाकथित निम्न जातियों के साथ करते हैं। इस धारणा के लिए पर्याप्त प्रमाण हैं कि प्राचीन भारत में जाति-व्यवस्था परिवर्तनीय थी और बाह्य व्यक्ति भी कुछ विशेष संस्कारों को संपन्न करने के बाद उच्च वर्ण में प्रवेश कर सकते थे तथा सर्वोत्तम सामाजिक क्षेत्र में स्थान पा सकते थे। जन्म के कारण कोई स्थायी बंधन नहीं होता था। अपने व्यक्तिगत

गुणों के आधार पर ही कोई व्यक्ति आर्यों के समाज में सर्वोच्च धार्मिक तथा सामाजिक स्थिति को पा सकता था।

—राइटिंग्स एंड स्पीचेज (भाग-1), पृ. 168-169

* * *

भारत में प्रजातंत्र

भारत के उत्तर-पूर्व में चीन गणतंत्र है, उत्तर-पश्चिम में विधानसम्मत पर्शिया है और उत्तर में साम्यवादी रूस अधिक दूर नहीं है। ऐसे में भारत को निरंकुश ढंग से शासित करने का प्रयास अत्यधिक मूर्खतापूर्ण होगा। देवता तक ऐसा नहीं कर पाएँगे। यदि विधानसभा अपनी सारी बैठकें एक सौ दमनकारी कानूनों को बनाने में और पारित करने में लगा दे तो भी यह संभव नहीं है। विश्वशांति, अंतरराष्ट्रीय सद्भाव और एकता, ब्रिटिश राष्ट्रसंघ की प्रतिष्ठा, साम्राज्य की सुरक्षा, सभी का यह तकाजा है कि भारत में प्रजातंत्र का शांतिपूर्ण प्रारंभ एवं विकास हो।

—राइटिंग्स एंड स्पीचेज (भाग-1), पृ. 347

* * *

भारतवासी की इच्छा

जो हम चाहते हैं वह है हमारा पौरुष, अपना जीवन जीने का अधिकार, अपने मामलों की स्वयं व्यवस्था करने का अधिकार; संक्षेप में, अपने स्वयं के अस्तित्व को बनाए रखने का अधिकार। *—राइटिंग्स एंड स्पीचेज (भाग-2), पृ. 20*

* * *

भारतवासी के अवगुण

हम निर्धन हैं, क्योंकि दूसरे लोग हमें अपनी संपदा का उपभोग नहीं करने देते। हमारी निरक्षरता हमारे लिए लज्जास्पद नहीं है। अपनी अशिक्षा में भी हम अमरीका और यूरोप के लाखों शिक्षितों से अधिक संयत, अधिक विचारवान, अधिक विवेकशील हैं। हममें चरित्र का अभाव नहीं, क्योंकि अमरीका और यूरोपवासियों की अपेक्षा हममें आत्मनियंत्रण, सीधी-सादी ईमानदारी, सादगी अधिक है और लोभ तथा दूसरों को मारने की इच्छा कहीं कम है। जिस चीज का हममें अभाव है, वह है अपने अधिकारों को मनवाने की दृढ़ता, अत्याचार और गलत कार्यों का विरोध करने की शक्ति एवं दृढ़ता, देश के लिए और अपने उद्‌देश्य के लिए कष्ट उठाने की तत्परता और सारे संसार के नाराज हो जाने पर भी सत्य और न्याय पर डटे रहने की इच्छा।

—राइटिंग्स एंड स्पीचेज (भाग-1), पृ. 312

* * *

भारतीय

अपने इतिहास में किसी भी समय भारत के लोग विदेशी राष्ट्रों के शोषक कभी नहीं रहे हैं। यदि उनको उन्हीं के हाल पर छोड़ दिया जाए तो वे अपने लिए पर्याप्त उत्पादन कर सकते हैं। कला एवं साहित्य की उन्नति के लिए भी उनके पास बहुत समय बचा रहेगा। वे मानवजाति की सहायता कर सकते हैं, न केवल भौतिक वस्तुओं से अपितु बौद्धिक एवं आध्यात्मिक सत्यों से भी। आत्मनिर्भर, बाह्य संघर्षों से मुक्त, अपनी रक्षा के लिए अपने पुरुषों पर और मानव-स्वभाव के कोमल अंगों के विकास के लिए अपनी महिलाओं पर निर्भर करनेवाले भारतीय सभ्यता के रक्षक हो सकते हैं और पूर्व व पश्चिम के बीच संगठन-सूत्र का काम कर सकते हैं।

—राइटिंग्स एंड स्पीचेज (भाग-2), पृ. 18-19

✽ ✽ ✽

इतिहास भारतीयों के कारनामों से भरा पड़ा है। अवसर मिलने पर बौद्धिक क्षेत्र में भी भारत के पुत्रों ने अपनी मातृभूमि को लज्जित करने का कोई अवसर नहीं दिया। हिंदू-सभ्यता, बौद्धकालीन उपलब्धियाँ उनकी ऊँची बौद्धिक प्रतिभा के स्थायी स्मारक हैं। धर्म के क्षेत्र में देखें तो भी हम अद्वितीय ठहरते हैं। यूरोप का कौन-सा देश किन बातों में स्वयं को उपनिषदों के अज्ञात लेखकों, बुद्ध और शंकराचार्य के समकक्ष दिखा सकता है ? यदि धर्म से हम दर्शन के क्षेत्र में आएँ तो किस देश में हमें सत्यप्रिय, ईमानदार विद्वानों की ऐसी दैदीप्यमान श्रृंखला मिल सकती है जैसे छह दर्शनों के अमर प्रणेता, उनके टीकाकार एवं भाष्यकार हुए हैं। यदि हम वीरता और नेक कारनामों का इतिहास देखें तो क्या राजपूतों का इतिहास एक रोमांचक गाथा के समान नहीं लगता? तो फिर क्यों हम लोकराष्ट्रों की पंक्ति में इतने निम्न हैं? उत्तर है—हमारे अंदर व्यक्तिगत रूप से सामाजिक जिम्मेदारी की भावना का अभाव है।

—राइटिंग्स एंड स्पीचेज (भाग-1), पृ. 56

✽ ✽ ✽

एक भारतवासी पशुओं को, यहाँ तक कि पौधों, नदियों और पर्वतों, सभी को मित्र मानता है, लेकिन इनसे भी अधिक पुरुषों और स्त्रियों को मित्र मानता है, चाहे वे किसी भी देश व धर्म के क्यों न हों। किसी से घृणा या द्वेष करना उसके स्वभाव में नहीं है। असल में उसके साथ कठिनाई यह नहीं है कि वह अत्यंत कठोर, जिद्दी या असहिष्णु है परंतु इसके विपरीत, वह आवश्यकता से अधिक नरम, लचीला, कभी-कभी अत्यंत दयालु, निस्वार्थी है। यहाँ तक कि दूसरों के प्रति उदारता दिखाने में अपने देश और राष्ट्र के हितों का भी बलिदान कर देता है। *—आर्यसमाज, पृ. 259*

✽ ✽ ✽

भारत के लोग पृथ्वी पर संभवत: सबसे अधिक कानूनों का पालन करनेवाले लोग हैं, और यदि कोई सरकार उनके विरुद्ध दमन का प्रयोग करती है तो वह केवल अपनी कमजोरी को प्रदर्शित करती है। जो चीज भारतीयों को कानून का पालन करनेवाला बनाती है, वह किसी भय अथवा कठोर कानूनों का होना नहीं है बल्कि उनकी स्वयं की स्वभावजनित और जन्मजात सज्जनता और नेकी है।

—प्रथम अखिल भारतीय ट्रेड यूनियन कांग्रेस में अध्यक्षीय भाषण
(बंबई, 7 नवंबर, 1920)

❋ ❋ ❋

भारतीय, राजनीतिक रूप से बच्चे नहीं रहे, वे अपने मामलों को पूरी तरह से समझते हैं। असली मुद्दों पर उनको भ्रमित करने का और धूल के बादल उठाकर उन्हें गुमराह करने का कोई भी प्रयास उन्हीं पर उलटा पड़ेगा, जो ऐसा करने की कोशिश करेंगे।

—न्यूयार्क से एडविन मांटेग्यू के नाम खुला पत्र (15 सितंबर, 1917)

❋ ❋ ❋

मैंने अपनी शक्तिभर सदैव उदार दृष्टिकोण अपनाया है और अन्य राष्ट्रों के प्रति भी उदारवादी दृष्टिकोण रखे हैं, परंतु मैं आपको पूर्ण ईमानदारी से बता देना चाहता हूँ कि आत्म-त्याग और उच्च आदर्शों के लिए बलिदान देने की भावना जितनी हम भारतीयों में है, उतनी विश्व के किसी देश में नहीं हैं।

—विदेश से भारत वापसी पर स्वागत के अवसर पर
(बंबई, 20 फरवरी, 1920)

❋ ❋ ❋

मैं पूरी निष्ठा से यह कहता हूँ कि भारत के लोग अपने तथाकथित नेताओं की अपेक्षा कहीं अधिक ईमानदार, निष्ठावान् और आत्मत्यागी हैं। वे निरक्षर हैं, कूटनीतिपूर्ण झूठ बोलने की कला में अकुशल हैं, पर यदि वे झूठ बोलें भी तो तुम फौरन भाँप सकते हो कि उनके दिमाग में क्या है, परंतु तुम तथाकथित नेताओं के दिमाग की बात नहीं भाँप सकते।

—महात्मा गांधी को पत्र
('यंग इंडिया' में 13 नवंबर, 1919 को प्रकाशित)

❋ ❋ ❋

शारीरिक रूप से हम पृथ्वी के किसी भी व्यक्ति के समकक्ष हैं। उन ऊँची जातिवाले हिंदुओं को छोड़कर, जो सोचते हैं कि दुर्बल तन, नाजुक अंग और स्त्री जैसे नाक-नक्श में ही उनकी शान है, या जो शरीर पर चढ़ी चर्बी या शारीरिक अकर्मण्यता की मात्रा से समाज में अपनी हैसियत आँकने के आदी हो गए हैं। हमारे अधिकांश

देशवासियों के शरीर हृष्ट-पुष्ट हैं और वे सभी प्रकार की कठिनाइयों और संघर्षों का सामना करने में सक्षम हैं। अपनी मूलभूत आवश्यकताओं की पूर्ति के लिए जो भी थोड़ा-बहुत उन्हें मिलता है; जैसे—मोटा अन्न, अपर्याप्त वस्त्र और हवाविहीन भीड़-भड़क्के से युक्त घर, उसी को पाकर भी वे संसार में सर्वश्रेष्ठ सैनिक पैदा करते हैं। *—राइटिंग्स एंड स्पीचेज (भाग-1), पृ. 55*

* * *

हम मन से और परंपरा से क्रांति-विरोधी हैं। परंपरा से हम धीमी गति से बढ़नेवाले लोग हैं। परंतु जब हम बढ़ने का निश्चय पर लेते हैं तो हम तेजी से बढ़ते हैं और चौकड़ी मारते हुए बढ़ते हैं। *—कांग्रेस अधिवेशन में अध्यक्षीय भाषण (कलकत्ता, 14 सितंबर, 1920)*

* * *

हमारा कार्य बहुत कठिन है, लेकिन चाहे कुछ हो जाए हम अपने कष्टों को प्रसन्नतापूर्वक सहन करेंगे। हम अंग्रेजों से दया की भीख नहीं माँगेंगे। हम करुणा नहीं चाहते। साथ ही हम अपनी शक्ति-भर अंग्रेज राष्ट्र पर यह बात पूरी तरह प्रकट करेंगे कि हम अपने घर के स्वयं स्वामी होने के लिए कृतसंकल्प हैं और उन टुकड़ों को स्वीकार नहीं करेंगे, जो हमारी भूख मिटाने के लिए हमारी ओर फेंके जाएँगे।

—केंद्रीय विधानसभा में साइमन कमीशन के बायकाट का प्रस्ताव (16 फरवरी, 1928)

* * *

हमारी घातक बीमारी यह है कि हमें उस हर चीज में असीमित विश्वास है, जो बाहरी तौर पर सुव्यवस्थित और ठीक दिखाई देती है।

—राइटिंग्स एंड स्पीचेज (भाग-1), पृ. 136

* * *

भारतीय आध्यात्मिकता

प्राचीनकाल में निर्धनता के संकल्प का उद्देश्य संपत्ति के ऊपर निर्धनता के महत्त्व को बढ़ाना नहीं था वरन् यह जीवन की एक निश्चित अवस्था में पहुँचकर संपत्ति के पाश से मुक्ति पाना था। असल में हिंदुओं के अति-प्राचीन साहित्य में इसका कोई उल्लेख नहीं है, केवल संन्यासियों के गूढ़ मंतव्यों में है। प्राचीन समय के सभी महान् ऋषि-मुनि संपत्ति भी रखते थे और परिवार भी। वे तो केवल शोध के लिए, योग-समाधि के लिए और जीवन की समस्याओं पर ध्यान लगाने व चिंतन करने के लिए, भीड़ से अलग रहना पसंद करते थे। *—राइटिंग्स एंड स्पीचेज (भाग-1), पृ. 135*

* * *

भारतीय इतिहास

एक ऐसे देश में, जिसका इतिहास ऐसे हजारों स्त्री-पुरुषों के उदाहरणों से भरा पड़ा है, जिन्होंने सम्मान और धर्म के लिए अपना सर्वस्व बलिदान कर दिया, हम यह देख रहे हैं कि पश्चिमी आधिपत्य की एक शताब्दी ने ही जीवन की मुख्य धारा को इतना बदल दिया है कि लोग मिट्टी की कठपुतली बन गए हैं, जिनकी अपनी न कोई इच्छाशक्ति रह गई है, न ही आस्था। ईश्वर का धन्यवाद है कि देश ने अभी आध्यात्मिकता की भावनाओं को पूरी तरह नहीं छोड़ा है। स्वर्ण विद्यमान है, केवल जादूगर के स्पर्श की आवश्यकता है कि इसका पता लगाए और उन्हें सौंप दे, जिनका इस पर जन्म से अधिकार है।

—राइटिंग्स एंड स्पीचेज (भाग-एक)

* * *

भारतीय परंपरा

हमें यह कभी नहीं भूलना चाहिए कि हम एकदम कूदकर ऊपर पहुँचनेवाले लोगों में से नहीं हैं, जिनकी न कोई परंपरा होती है, न गर्व करने योग्य अतीत होता है। वृद्धावस्था के प्रति सम्मान, वरिष्ठता के प्रति आदर, रक्त और रिश्तेदारी के प्रति श्रद्धा, ये उस मूल्यवान विरासत के अंग हैं, जो हमारे पूर्वजों ने हमें दी हैं, और यदि हम इनको पश्चिम के शोर-शराबेवाले, कभी-कभी अवांछनीय और भद्दे तौर-तरीकों से बदलते हैं तो हम आगे बढ़ने की बजाय पीछे की ओर चले जाएँगे।

—अखिल भारतीय स्वदेशी कॉन्फ्रेंस में अध्यक्षीय भाषण
(सूरत, दिसंबर 1907)

* * *

भारतीय मुसलमान

इस बात को देखकर अफसोस होता है कि जहाँ भारतीय मुसलमान अकाल, बाढ़, भूकंप आदि से पीड़ित भारतीयों के लिए अपने बटुवों का मुँह नहीं खोलते और भारतीय मुसलमानों की शैक्षिक और आर्थिक दशा को सुधारने के लिए भी बहुत थोड़ा मुसलिम धन व्यय होता है, वहीं वे विदेशों में किसी-न-किसी उद्देश्य के लिए हजारों-लाखों रुपए भेज देते हैं। यह बात भारत में ही है।

—राइटिंग्स एंड स्पीचेज (भाग-2),
पृ. 209

* * *

भारतीय मुसलमान संसार के किसी अन्य देश के मुसलमानों की अपेक्षा अधिक

कट्टर इसलामी और पृथक्कतावादी हैं, और इसी तथ्य के कारण एक संगठित भारत का निर्माण अधिक कठिन हो गया है।

—राइटिंग्स एंड स्पीचेज (भाग-2), पृ. 203

* * *

भारतीय राष्ट्रीयता

भारत में विभिन्न समुदाय हैं, जो विभिन्न धर्मों को मानते हैं और एक सीमा तक प्रत्येक ने हमारे देश की संस्कृति और सभ्यता में अपना योगदान भी दिया है। इन विभिन्न समुदायों और संस्कृतियों से बनी भारतीय राष्ट्रीयता को और अधिक मजबूत बनाने के लिए हमें इन संस्कृतियों को स्वतंत्रता की दृष्टि से देखना होगा, प्रत्येक संस्कृति में पाई जानेवाली समस्त अच्छी बातों को अपनाने के लिए पूर्णतया स्वतंत्र होना होगा और समग्र राष्ट्र की संयुक्त संस्कृति में इसको शामिल करना होगा। सच्ची राष्ट्रीयता धार्मिक एवं वर्गीय प्रभावों से ऊपर होनी चाहिए।

—अखिल भारतीय महाविद्यालय छात्र-सम्मेलन में अध्यक्षीय भाषण (नागपुर, 25 दिसंबर, 1920)

* * *

भारतीय राष्ट्रवादी

भारतीय राष्ट्रवादी किसी से घृणा नहीं करता, अंग्रेज साम्राज्यवादी से भी नहीं। वह जानता है कि अंग्रेज साम्राज्यवादी अपने अहं का शिकार है, किले और महल बना रहा है और अंत में स्वयं इनके खँडहर तले दब जाएगा।

—राइटिंग्स एंड स्पीचेज (भाग-2), पृ. 29

* * *

भारतीय विचारधारा

हम अंग्रेजों के विरुद्ध कोई दुर्भावना नहीं रखते। हम किसी देश के विरुद्ध कोई विद्वेष नहीं रखते। हम किसी से घृणा नहीं करते, अपने शत्रुओं तक से नहीं। हमारा धर्म, हमारी नैतिकता, हमारी संस्कृति की संपूर्ण भावना क्रोध और घृणा के विरुद्ध है। हम किसी के विरुद्ध युद्ध नहीं करते। परंतु हम अपना अधिकार पाने, अपना जीवन स्वयं जीने की स्वतंत्रता पाने के लिए दृढ़निश्चयी हैं। अभी तक हमने बिना कोई प्रभावी प्रतिवाद किए, धैर्य के साथ सहन किया है, परंतु अब हम अधिक समय तक सहन नहीं करेंगे और अपनी आवाज से आकाश और पृथ्वी गुँजा देंगे और उनके शांति और सुखों को हराम कर देंगे, जो हमें अपने लिए लकड़ी चीरनेवाला और पानी भरनेवाला ही देखना चाहते हैं। *—न्यूयॉर्क के एक विदाई भोज में भाषण (28 नवंबर, 1919)*

* * *

भारतीय शिक्षा

प्रत्येक हिंदू को रात-दिन पढ़ाया जाता है कि इच्छाओं को मारने में ही सर्वोच्च गुण निहित हैं। कामनाओं से भरे जीवन से बचकर रहना ही सर्वोच्च गुण है, जिससे हम पुनर्जन्म के कष्ट से बच सकें। यह प्रवृत्ति जीवन से विमुख होने की ओर ले जाती है, जीवन के महत्त्व को कम करती है और यथासंभव उसे जीवन से पलायन के लिए प्रेरित करती है। मैं मानता हूँ कि यह मौलिक सिद्धांत की विकृति है और हमारे प्राचीन शास्त्रों में इसकी यथेष्ट स्वीकृति नहीं है।

—राइटिंग्स एंड स्पीचेज (भाग-1), पृ. 361

* * *

मत और धर्म

जिनका ध्येय एक संगठित भारत बनाना है, उन्हें याद रखना चाहिए कि भारत अनेक मतों और धर्मों का देश है। ये मत और धर्म अनेक वर्गों-उपवर्गों में बँटे हुए हैं। ये वर्ग-उपवर्ग अनगिनत धार्मिक क्रियाओं, रिवाजों एवं संस्कारों का पालन करते हैं, और इनमें से कुछ क्रियाएँ एक-दूसरे से टकराती हैं। किसी सरकार के लिए इन सब धर्मों, वर्गों और उपवर्गों को उनके रीति-रिवाज तथा क्रियाओं के पालन में पूरी आजादी देना असंभव है, विशेषकर तब जब वह एक-दूसरे से टकराती हों। इसके अतिरिक्त, कुछ रीतियाँ और क्रियाएँ अमानवीय, निर्मम और अनैतिक हैं। अतः अपने सब संस्कारों तथा रीतियों के पूर्णतया पालन के लिए छोटे-बड़े हर संप्रदाय द्वारा जोर देना और हठ करना स्पष्ट रूप से असंभव है और एक संगठित भारत की धारणा के प्रत्यक्षतः विरुद्ध है।

—राइटिंग्स एंड स्पीचेज (भाग-2), पृ. 178

* * *

मतभेद

निःसंदेह संसार अपनी विविधताओं के कारण ही अच्छा और सुंदर है। मानवीय आकांक्षा का मुख्य ध्येय विविधता में एकता प्राप्त करना रहा है और रहना चाहिए। राष्ट्र अपनी जनसंख्या के विभिन्न वर्गों के बीच विद्यमान बनते और संगठित होते हैं। एकता के दूत की सफलता हेतु एक सामान्य ध्येय और जीतने के लिए सामान्य शत्रु की आवश्यकता है। इस सामान्य शत्रु के होते हुए और सामान्य ध्येय की प्राप्ति के लिए सारे मतभेदों को भुला देना चाहिए।

—राइटिंग्स एंड स्पीचेज (भाग-1), पृ. 142

* * *

मैं तुम्हें यह बता सकता हूँ कि विश्व का कोई भी राष्ट्र हमसे श्रेष्ठ नहीं है। यदि हमारे बीच से मतभेद समाप्त हो जाएँ तो पृथ्वी की कोई शक्ति हमें आगे बढ़ने से नहीं रोक सकती। किसी राष्ट्र के आगे बढ़ने को कोई नहीं रोक सकता बशर्ते कि वह इसके लिए समर्पित हो। परंतु इसके लिए कीमत चुकानी होती है और हमारे लिए इसकी कीमत है अपने मतभेदों को समाप्त करना।

—अमेरिका से लौटने पर स्वागत अवसर पर दिया गया भाषण

(लाहौर, 27 फरवरी, 1920)

* * *

मध्यम मार्ग

हमारे लिए न निराशावादी होना हितकर है, न आशावादी होना। जैसे निराशावादिता हतोत्साहित और निरुत्साहित करनेवाली होने के कारण निश्चित रूप से हानिकर है, उसी तरह आशावादिता भ्रमित करनेवाली है, क्योंकि यह हमें सदा संतुष्ट, कठिनाइयों को भुला देनेवाला और आवश्यक सावधानियों की उपेक्षा करनेवाला बना देगी। सर्वोत्तम और सबसे सुरक्षित मार्ग इन दोनों के बीच चलने का है, स्थिति को यथासंभव अपने इतिहास, शासक-जाति के इतिहास और समान स्थिति में रहनेवाले अन्य देशों और जातियों को इतिहास के प्रकाश में देखें। *—राइटिंग्स एंड स्पीचेज (भाग-1), पृ. 132*

* * *

महात्मा गांधी

आत्म-त्याग और सदाचरण में महात्मा गांधी के समान दूसरा व्यक्ति हम विश्व में और कहाँ पा सकते हैं? हम चाहे उनके विचारों से सहमत हों या न हों, हम उनका अनुकरण करें या न करें, लेकिन मैं सारे संसार को चुनौती देता हूँ कि महात्मा गांधी जैसा दूसरा आदमी पैदा करके दिखाए। *—लाला लाजपतराय की जीवन-कथा, पृ. 106*

* * *

महात्मा गांधी के नेतृत्व ने और उनसे व्यक्तिगत संपर्क ने हमें अधिक सत्यवादी, अधिक साहसी, अधिक त्यागी और अपने जीवन में एवं आदतों में अधिक सादा और शुद्ध बना दिया है। कोई अन्य व्यक्ति जो बात नहीं सिखा सकता था, वह उन्होंने हमें सिखाई कि पूरी तरह से खुले में रहने का क्या मूल्य व महत्त्व है। न कुछ छिपाओ, न दुराओ, न तिकड़म करो और न ही किसी को झाँसा दो। ये सब बातें सामान्यतया राजनीतिक आंदोलनों से जुड़ी होती हैं।

—कांग्रेस वर्किंग कमेटी के सदस्यों को लिखा पत्र (22 फरवरी, 1922)

* * *

मैं महात्मा गांधी को सबसे वीर पुरुष मानता हूँ। मैं उन पर कायरता का आरोप नहीं लगा रहा हूँ। मैं यह ईमानदारी से विश्वास करता हूँ कि वह ऐसे व्यक्ति हैं, जो कर्तव्य-स्थल को छोड़कर भागने के स्थान पर मर जाना पसंद करेंगे। परंतु मैं यह कहता हूँ कि ऐसे असंभव सिद्धांतों (अत्याचार के सामने भी सविनय अवज्ञा और अहिंसा) का एक राजनीतिक आंदोलन में कोई स्थान नहीं है।

—लाहौर जेल से कांग्रेस वर्किंग कमेटी के सदस्यों के लिए पत्र (फरवरी, 1922)

* * *

हमारे अनुभव में इससे पहले किसी नेता ने अपनी जनता की प्रतिभा को इतनी सफलतापूर्वक व अचूक ढंग से न तो समझा व सराहा और न उसकी नब्ज को इतना समझा जैसा गत तीन वर्षों के दौरान महात्मा गांधी ने किया। मैं नहीं समझता कि भारत के इतिहास में किसी एक व्यक्ति ने भारत की जनता पर इतना अधिक प्रभाव डाला हो, जितना महात्मा गांधी ने। मुझे यह कहने में तनिक संकोच नहीं है कि वे न केवल सबसे महान् जीवित भारतीय हैं, अपितु वे सभी युगों के, देशों के महानतम व्यक्तियों में से एक हैं।

—कांग्रेस वर्किंग कमेटी के सदस्यों को लिखा पत्र (22 फरवरी, 1922)

* * *

महानता

कोई भी आदमी अपने भाई की कमजोरी की नींव पर अपनी महानता का निर्माण नहीं कर सकता। आदमी अपनी स्वयं की शक्ति अथवा दुर्बलता से उठता या गिरता है।

—दलित वर्ग कॉन्फ्रेंस में अध्यक्षीय भाषण (गुरुकुल काँगड़ी, मई, 1913)

* * *

मानव-स्वभाव

यह तथ्य है कि मानव-स्वभाव स्वार्थ की ओर अपनी स्वाभाविक प्रवृत्ति के कारण, अपनी कमजोरियों के लिए बहाने ढूँढ़ने की तलाश में रहता है और अपने नीच व तुच्छ कार्यों पर सुनहरा आवरण चढ़ाने के लोभ से नहीं बच पाता। ऐसा करते समय वह दूसरों को उनके साधारण मानव-अधिकारों और आजादी के अमूल्य धन से भी वंचित कर देता है। कोई भी गलत कार्य करनेवाला, चाहे वह कितना ही शिक्षित और सुसंस्कृत क्यों न हो, कभी-कभी इस विचार पर ग्लानि से भरे बिना नहीं रह सकता कि उसने अपने स्वार्थ के लिए दूसरों पर कितने जुल्म ढाए और तब उसकी अपराधी आत्मा उन तर्कों और औचित्यों की खोज में मारी-मारी फिरती है जो उसके गलत आचरण को सही सिद्ध कर

सकें। साम्राज्यों के बनाने-वाले और चलानेवाले इस सामान्य नियम के अपवाद नहीं हैं।

—राइटिंग्स एंड स्पीचेज (भाग-1), पृ. 110

* * *

मानसिक दासता

मानसिक दासता से अधिक हानिप्रद और कोई दासता नहीं है और मानव-प्राणियों को लगातार बंधन में रखने से बढ़कर और कोई पाप नहीं है। लोगों को दास बनाना वैसे ही बुरा है, परंतु ऐसी परिस्थितियों को बनाना और जारी रखना, जिनके कारण वे अपनी दासता की जंजीरों से मुक्त न हो सकें, दुष्टतापूर्ण है। *—आर्यसमाज, पृ. 225*

* * *

मिथ्या आदर्श

विश्व श्रम-विभाजन के लिए लड़ रहा है। पूँजी, संपत्ति, श्रम, बाजार ये सब विश्व को किधर ले जा रहे हैं ? क्या आपने कभी यूरोप के राष्ट्रों की यह चीत्कार सुनी है—राष्ट्र मर रहा है, राष्ट्र भूख से मर रहा है, राष्ट्र की स्त्रियाँ बिक रही हैं, राष्ट्र यह कर रहा है या वह कर रहा है ? हमने ऐसी आवाज कभी नहीं उठाई, जबकि हम सैकड़ों वर्षों से भूखे मर रहे हैं। ईश्वर को धन्यवाद है कि हमने ऐसी आवाज कभी नहीं उठाई। मिथ्या आदर्शों में मत बहकिए।

—विदेश से भारत वापसी पर स्वागत के अवसर पर
(बंबई, 20 फरवरी, 1920)

* * *

मिलन

अशुद्ध सिद्धांत स्थापित करने की अपेक्षा विनीत भाव से काम करते रहना अच्छा है। जब मिलाप का अभाव हो और न ही उसकी संभावना हो, वहाँ बलात् मिलाप का प्रयत्न करने का परिणाम सक्रिय शत्रुता होता है।

—लाला लाजपतराय की जीवनी, पृ. 271

* * *

मुक्ति

वास्तविक मुक्ति क्या है ? वास्तविक मुक्ति दुखों से, निर्धनता और बीमारी से, हर प्रकार की अज्ञानता से और दासता से स्वतंत्रता में निहित है।

—राइटिंग्स एंड स्पीचेज (भाग-1), पृ. 358

* * *

सभी वर्गों के लोगों को यह महसूस करना चाहिए कि मुक्ति अंदर से ही आएगी। सहयोग, पारस्परिक सहायता और पारस्परिक विश्वास से आएगी, यह बाहर से नहीं आएगी, अनंत हृदयहीन, निर्दयी और आत्मारहित प्रतिद्वंद्विता से नहीं आएगी, न ही किसी से कृपा या सुविधाओं की भीख माँगकर आएगी। इस प्रकार से हमें अपनी मंजिल प्राप्त करने में बहुत लंबा समय लग सकता है।

—महात्मा गांधी के नाम पत्र

('यंग इंडिया' में 17 दिसंबर, 1919 को प्रकाशित)

✻ ✻ ✻

मुक्ति और हिंदू

ईसाई विश्वास करते हैं कि जो ईसा मसीह को अपना मुक्तिदाता नहीं मानता, वह अनंत दुख भोगेगा। केवल ईसा मसीह और बाइबल पर विश्वास करने पर ही मुक्ति संभव है। हिंदुओं ने वेदों के विषय में कभी ऐसा दावा नहीं किया। वे मानते थे कि मुक्ति प्राप्त करने के मार्ग अनेक हैं। कोई भी नेक इनसान, चाहे वह ईसाई हो, मुसलमान हो अथवा कोई अन्य धर्मावलंबी हो, मुक्ति पाने का उतना ही अधिकारी है, जितना कोई नेक हिंदू। हिंदुओं के अनुसार मुक्ति की प्राप्ति सत्य-ज्ञान से उत्पन्न सदाचरण से ही होती है और इन बातों के लिए हिंदू होना आवश्यक नहीं है।

—आर्यसमाज, पृ. 80

✻ ✻ ✻

मृत्यु

एक सम्मानजनक मृत्यु निस्संदेह एक सम्मानरहित जीवन से उत्तम है, परंतु सम्मान के साथ जिया जीवन क्षणिक आवेश के वश प्राप्त मृत्यु से असीमित रूप से श्रेष्ठतर है।

—लाला लाजपतराय की जीवन-कथा, पृ. 218

✻ ✻ ✻

युवक

मैं चाहता हूँ कि राष्ट्र के युवक ग्रामों में और कारखानों में जाएँ और अपने हाथों से उन ग्रामवासियों के साथ भाईचारे की भावना से कार्य करें, जो तुमसे प्रेरणा पाने की प्रतीक्षा कर रहे हैं।

—अखिल भारतीय महाविद्यालय छात्र-सम्मेलन में अध्यक्षीय भाषण

(नागपुर, 25 दिसंबर, 1920)

✻ ✻ ✻

युवकों से

नवयुवको, क्या तुम इस लहर को सफल बनाने के लिए तैयार हो? परंतु तुम्हें आजादी की भारी कीमत चुकानी होगी। यदि तुम पद व धन के पीछे भागोगे तो आजादी प्राप्त नहीं कर सकते। आजादी बैंकों या दफ्तरों से नहीं, बल्कि प्रतिष्ठा बनाए रखने में है। किसी व्यक्ति का आत्मसम्मान संसार की किसी भी अन्य वस्तु से अधिक मूल्यवान् है। एक व्यक्ति, जो सांसारिक लाभों के लिए अपना आत्मसम्मान बेच देता है, वह कभी आजादी प्राप्त नहीं कर सकता। साहसी और दबंग बनो और तुम हर समस्या सुलझा लोगे।

—अमेरिका से लाहौर वापसी पर स्वागत के उत्तर में दिया भाषण (27 फरवरी, 1920)

* * *

युवा भारत उठो, आप किसी से हीन नहीं हैं। हमारे जन-साधारण में, खेतों में अन्न उपजानेवाले किसानों में, उन लाचार व्यक्तियों में, जिन्हें दो समय भोजन नहीं मिलता, एक ऐसी संपत्ति, ऐसी पुण्य आत्माएँ हैं, जो पुनः हमारा मार्गदर्शन करेंगी।

—विदेश से भारत वापसी पर स्वागत के अवसर पर (बंबई, 20 फरवरी, 1920)

* * *

युवतियाँ

मैं देशवासियों से प्रार्थना करूँगा कि वे अपनी लड़कियों को बचाएँ, वे उन्हें उनके स्वस्थ शरीर और मनोवैज्ञानिक रूप से समर्थ मस्तिष्क के विकास के लिए उपयुक्त अवसर प्रदान करें। हमारी लड़कियाँ और महिलाएँ हर प्रकार के अंधविश्वासों से मुक्त की जानी चाहिए—जो जीवन में लापरवाही, भोजन के प्रति उदासीनता, संघर्ष के प्रति अरुचि, शक्ति का अभाव, भाग्य की बात मानते हुए हर वस्तु को सहन करने की आदत तथा पराधीनता व भय की मानसिकता को जन्म देते हैं।

—प्रांतीय हिंदू कॉन्फ्रेंस में भाषण (बंबई, 5 दिसंबर, 1925)

* * *

युवापीढ़ी

मैं चाहता हूँ कि युवापीढ़ी स्वयं को संकीर्ण राष्ट्रीयता के खतरे से बचाए जो भारत को संगठित नहीं होने देगी।

—अखिल भारतीय महाविद्यालय छात्र-सम्मेलन में अध्यक्षीय भाषण (नागपुर, 25 दिसंबर, 1920)

* * *

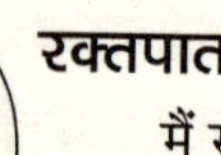

रक्तपात

मैं रक्तपात से नहीं डरता। यदि हमें आजादी प्राप्त करनी है तो रक्त बहाना ही होगा।

—अमेरिका से इंग्लैंड के प्रधानमंत्री को लिखा खुला पत्र (13 जून, 1917)

❋ ❋ ❋

रक्षित शांति

सारे नियम व व्यवस्था केवल एक साध्य के साधनमात्र हैं। विदेशी संगीनों के द्वारा उत्पन्न और रक्षित शांति और व्यवस्था कोई शांति और व्यवस्था नहीं है। यह तो एक अस्वाभाविक अवस्था है। यह तो मृत्यु की शांति है। विदेशी शासन द्वारा स्थापित व्यवस्था विकास की ओर नहीं ले जाती।

—लाहौर सेंट्रल जेल में लिखा लेख (सन् 1922)
(राइटिंग्स एंड स्पीचेज, भाग-2, पृ. 107)

❋ ❋ ❋

राजनीति

राजनीति सीढ़ी का प्रथम चरण है। सच्ची राजनीतिक विचारधारा में लोगों को शिक्षित करना, उनको राष्ट्रीयता, स्वतंत्रता और एकता की आस्थावाले सच्ची देशभक्ति के धर्म में दीक्षित करना, ताकि वे हृदय की सारी निष्ठा और भक्ति के साथ उसमें विश्वास कर सकें।

—राइटिंग्स एंड स्पीचेज (भाग-1), पृ. 137

❋ ❋ ❋

राजनीति और ईमानदारी

मेरी शिक्षा-दीक्षा कुटिल नीति के वातावरण में नहीं हुई। मैं इस सिद्धांत का अनुमोदन नहीं कर सकता कि मनुष्य को सदैव, विशेषत: राजनीतिक क्षेत्र में, ईमानदार तथा सत्यवादी नहीं रहना चाहिए।

—राइटिंग्स एंड स्पीचेज (भाग-1), 216

❋ ❋ ❋

राजनीतिक

देश के वे राजनीतिक विचारक कहाँ हैं, जिनका रात-दिन, सोते-जागते यही चिंतन होना चाहिए कि आजादी की लड़ाई को कैसे बढ़ाया जाए? वे राजनीतिक संन्यासी कहाँ हैं, जिनके जीवन का एकमात्र कार्य आजादी का उपदेश होना चाहिए, जो संगीन की नोक पर भी, गैलीलियो के समान, यही कहें कि वे आ गए। मैं उनको आते देख रहा हूँ? आंदोलन

के वे धनिक कहाँ हैं, जो केवल आजादी के संघर्ष के लिए अर्जित करें और इसमें धन लगाएँ, जो स्वयं निर्धनता से मामूली ढंग से रहें और इस पवित्र उद्देश्य के लिए एक-एक पैसा बचाएँ, ताकि धनाभाव के कारण यह संघर्ष रुक न जाए? और वे लोग कहाँ हैं, जो शांति से, बिना शिकायत या गिले-शिकवे के इस उद्देश्य के लिए कष्ट झेलें और अपने उदाहरण से इस कहावत को चरितार्थ करें कि 'शहीदों का खून ही धर्म का बीज है'? संक्षेप में, वे लोग कहाँ हैं, जो राजनीतिक अधिकारों के लिए तथा धर्म की मर्यादा एवं आजादी के लिए, जीने और मरने का आंदोलन आरंभ कर सकें?

—राइटिंग्स एंड स्पीचेज (भाग-1), पृ. 84

❋ ❋ ❋

हमें राजनीतिज्ञों की आवश्यकता नहीं है। हमें जो कुछ चाहिए वह है ईमानदार, स्पष्ट वक्ता, सत्य बोलनेवाले स्त्री और पुरुष।

—विदेश से भारत वापसी पर स्वागत के अवसर पर भाषण
(बंबई, 20 फरवरी, 1920)

❋ ❋ ❋

राजनीतिक कार्य

वास्तविक निष्ठापूर्ण राजनीतिक कार्य कोई शेखचिल्लीवाला कार्य नहीं है। यह बच्चों का खेल नहीं, बल्कि बहुत कीमती और जोखिम भरा खेल है। जो मैदान में उतरते हैं, उन्हें हर प्रकार के त्याग के लिए तैयार रहना चाहिए। उन्हें सरकार अथवा उसके अधिकारियों से किसी प्रकार भी बख्शे जाने की, किसी मदद की, आशा नहीं करनी चाहिए, भले ही उन्होंने कोई अवैध या भड़कानेवाला कार्य न किया हो।

—अंबाला में पंजाब राजनीतिक कान्फ्रेंस में भाषण
('द पंजाबी' में 10 अक्तूबर, 1906 को प्रकाशित)

❋ ❋ ❋

राजनीतिक शक्ति

हम राजनीतिक शक्ति चाहते हैं, जिससे हम अपने जनसाधारण के राजनीतिक और बौद्धिक स्तर को उठा सकें। हम वर्गों को उन्नत करना नहीं चाहते। हमारा लक्ष्य है सभी के लिए स्वतंत्रता, समानता और अवसरों की उपलब्धि। हम यथासंभव वर्गसंघर्ष की बुराई से बचना चाहते हैं। हम पूँजीवादी चक्की से, यदि आवश्यक हुआ तो गुजरेंगे, परंतु हम इसे टालना चाहते हैं। *—राइटिंग्स एंड स्पीचेज (भाग-1), पृ. 345*

❋ ❋ ❋

राजनीतिक संघर्ष और धनिक

यदि तुम्हारे वर्तमान राजनीतिक संघर्ष में धनी लोग तुम्हारा साथ नहीं दे रहे हैं तो तुम्हें चिंता करने की आवश्यकता नहीं। विश्व का राजनीतिक इतिहास हमें बतलाता है कि कहीं भी धनवान और साधन-संपन्न व्यक्तियों ने क्रांतिकारी और राजनीतिक आंदोलन का नेतृत्व नहीं किया, न ही आंदोलन प्रारंभ होने पर वे इसके नेता बने। अत: तुम्हें असहाय अनुभव करने की आवश्यकता नहीं है। अपना कार्य करते रहो।

—बनारस कांग्रेस अधिवेशन (1905)

* * *

राजनीति का अर्थ

दुर्भाग्यवश मैं इस देश की राजनीति का जो अर्थ लेता हूँ, वह दूसरों के द्वारा लिए जानेवाले अर्थ से थोड़ा भिन्न है। सामान्यतया इस देश में राजनीति का अर्थ समझा जाता है सरकार के खिलाफ आंदोलन, कुछ प्रत्यावेदन या प्रस्तावों के माध्यम से सरकार से कुछ रियायतों की माँग करना इत्यादि। यह राजनीतिक कार्य हो सकता है, लेकिन इससे अधिक महत्त्व की बात है लोगों का बौद्धिक और नैतिक उत्थान करना और उनमें अपने महत्त्व और योग्यताओं के प्रति चेतना उत्पन्न करना।

—राइटिंग्स एंड स्पीचेज (भाग-1), पृ. 122

* * *

राजनीतिक नेता

एक राजनीतिक नेता सेनापति की तरह होता है, और किसी भी सेनापति का कायर होना निभ नहीं सकता। एक सेनापति अपने उन सैनिकों अथवा अधीनस्थों को छोड़ सकता है, झुका सकता है और गोली तक मार सकता है, जो उसके निर्देशों के अनुसार नहीं चलते या उसके आदेशों का पालन नहीं करते। किंतु केवल इस कारणवश कि लाखों में से कुछ ने उसकी इच्छा के विरुद्ध कार्य किया, उसे शस्त्र डालने और अपनी हार स्वीकार करने का, जिसके परिणामस्वरूप शत्रु उसकी सेना को बंदी बना ले, अधिकार नहीं है।

—कांग्रेस वर्किंग कमेटी के सदस्यों को लिखा पत्र (22 फरवरी, 1922)

* * *

राज्य/राजनीतिज्ञ

एक स्वतंत्र राष्ट्र में एक राज्य होता है, जो कि राष्ट्र के प्रति उत्तरदायी होता है। राष्ट्र राज्य को बदल सकता है, इसकी शक्तियों को सीमित कर सकता है, उसके

उत्तरदायित्व को परिभाषित कर सकता है और इसको अपनी मर्जी के आगे झुका सकता है। एक गुलाम देश पर यह बात सही नहीं बैठती। यही तथ्य कि वह गुलाम है, उसको सक्रिय राजनीतिक इकाइयों की श्रेणी से बाहर रखता है। सरकार तो राज्य का केवल एक अंग है।

—राइटिंग्स एंड स्पीचेज (भाग-2), पृ. 98

❋ ❋ ❋

राष्ट्र

राष्ट्र कुछ महीनों में नहीं बना करते।

—महात्मा गांधी के नाम पत्र
('यंग इंडिया' में 17 दिसंबर, 1919 को प्रकाशित)

❋ ❋ ❋

राष्ट्रीय कार्यकर्ता

शौकिया तौर पर कभी-कभार काम करनेवाले राजनीतिज्ञ अपने कार्य तथा देश के प्रति समुचित रूप से कर्तव्य का पालन नहीं कर सकते। मातृभूमि की सबसे भारी जरूरत अपना समस्त समय देनेवाले राष्ट्रीय कार्यकर्ता हैं, जिन्होंने आत्मत्याग तथा दरिद्रता के जीवन का व्रत ले रखा हो।

—लाला लाजपतराय, पृ. 117

❋ ❋ ❋

राष्ट्रीयता

ऐसा सोचना गलत है कि राष्ट्रीयता या राष्ट्रवाद के विचार के लिए धार्मिक, सामाजिक, आर्थिक या राजनीतिक जीवन के सभी पहलुओं में पूर्ण एकता होना आवश्यक है या इसके लिए वर्ग-जनित झगड़ों, संघर्षों या ईर्ष्याओं से पूर्ण मुक्त होना आवश्यक है। मेरी विनम्र राय में, राष्ट्रीयता के विकास के लिए यह पर्याप्त है। यदि इसकी पद्धति में विश्वास करनेवाले विभिन्न अंगों में एकता की भावना हो, जो उनको समान शत्रु और समान खतरे के खिलाफ संगठित करने के लिए काफी है।

—राइटिंग्स एंड स्पीचेज (भाग-1), पृ. 43

❋ ❋ ❋

जहाँ तक हिंदू-मुसलमानों के धर्मनिरपेक्ष हितों का संबंध है, कोई व्यक्ति मुसलमान के रूप में या हिंदू के रूप में इन अधिकारों की माँग क्यों करे, यदि एक समान राष्ट्रीयता को विकसित करना है। इस प्रकार के भिन्न-भिन्न हितों के अस्तित्व का संपूर्ण विचार ही राष्ट्रीयता को नकारना है। इस बात को खुले दिल से स्वीकार करना होगा कि वे व्यक्ति

जो धर्मनिरपेक्ष धारा में धार्मिक, सांप्रदायिक भावनाओं को पनपाए रखना चाहते हैं, उन्हें राष्ट्रीयता का विरोधी समझा जाना चाहिए।

—प्रांतीय हिंदू कॉन्फ्रेंस में भाषण (बंबई, 5 दिसंबर, 1925)

* * *

राष्ट्रीयता और देशभक्ति

'राष्ट्रीयता और देशभक्ति' के विचार इतने ही प्राचीन हैं, जितने विभिन्न देश जिनमें यह पृथ्वी बँटी है, इतने पुराकालीन हैं जितने कि प्रजाति और धर्म के अंतर, जो कि संसार में बहुत प्राचीनकाल से और पूर्व ऐतिहासिक काल से चले आ रहे हैं।

—राइटिंग्स एंड स्पीचेज (भाग-1), पृ. 36

* * *

राष्ट्रीय शासन

एक विदेशी सरकार, भले ही यह हितकारी और उदार हो, और एक राष्ट्रीय सरकार, भले ही यह निरंकुश और राजतंत्रीय हो, के बीच कोई सादृश्य नहीं है। विदेशी सरकार के हित तुम्हारे हितों से सदा विरोधी रहेंगे, जबकि राष्ट्रीय सरकार के हित तुम्हारे हितों से केवल कुछ ही जगह विरुद्ध होंगे। पहला शासन विदेशी होगा, दूसरा वर्ग-विशेष का शासन हो सकता है। तुम राष्ट्रीय शासन को सुधार भी सकते हो, किंतु विदेशी शासन को सुधारा जा सकता है, यह सोचना भी अपने को धोखे में रखना है। विदेशी शासन होगा, जितना हितकारी होगा, उतना ही अधिक वह तुम्हारे राष्ट्रीय अस्तित्व के लिए खतरनाक होगा। यह तुमको तुम्हारी दासता विस्मृत कराए रखेगा। हमें अपनी बेड़ियों को नहीं भूलना चाहिए। एक विदेशी सरकार और गुलाम लोगों के बीच स्वैच्छिक सहयोग हो ही नहीं सकता। *—राइटिंग्स एंड स्पीचेज (भाग-2), पृ. 105*

* * *

राष्ट्रीय शिक्षा

राष्ट्रीय शिक्षा, जो सबसे विश्वस्त और सबसे अधिक लाभदायक पूँजी-निवेश है, राष्ट्रीय सुरक्षा के लिए इतनी ही आवश्यक है, जितना कि भौतिक रक्षा के लिए सैन्य व्यवस्था। *—लाला लाजपतराय की जीवन-कथा, पृ. 106*

* * *

राष्ट्रीय संकट

राष्ट्रीय संकट के काल में भावुकता का स्थान बुद्धि को मिलना चाहिए।

—लाला लाजपतराय, पृ. 271

* * *

राष्ट्रीय सम्मान

भारत में अंग्रेजी शासन ने हमारे लिए विचार, संस्कृति और उदारतारूपी सागर का मार्ग खोल दिया है। व्यावहारिक रूप में इसने इस तथ्य के प्रति जागरूक होने में हमारी सहायता की है कि हम विचारों और कार्य दोनों क्षेत्रों में ही महान् और शक्तिशाली थे और यह भी कि हमारे राष्ट्रीय आत्मसम्मान और प्रतिष्ठा की यह माँग है कि हम अपने प्रिय देश की उस गौरवशाली स्थिति को पुनर्स्थापित करने के लिए पूरी शक्ति से प्रयत्न करें।

—आर्यसमाज, पृ. 282

✻ ✻ ✻

विज्ञान और ज्ञान

आधुनिक सभ्यता के अनुयायियों का अनुसरण करने की तुम्हें आवश्यकता नहीं। विशेष रूप से सामाजिक और आर्थिक व्यवस्था में उनका अनुसरण किया भी नहीं जाना चाहिए। परंतु इसके साथ ही तुम इस तथ्य से अपनी आँखें नहीं मूँद सकते कि विज्ञान और ज्ञान ने पिछले दो सौ वर्षों के दौरान आश्चर्यजनक प्रगति की है। यदि हम ज्ञान के उस भंडार से अपने को वंचित रखेंगे, जो आधुनिकों ने समूची मानवजाति के लाभ के लिए संचित किया है तो हम अपना ही काम बिगाड़ेंगे।

—अखिल भारतीय महाविद्यालय छात्र-सम्मेलन में अध्यक्षीय भाषण
(नागपुर, 25 दिसंबर, 1920)

✻ ✻ ✻

विज्ञान व ज्ञान की प्राप्ति चाहे किसी भी संस्कृति से हो, हमें इसको ग्रहण करना चाहिए। इसे अपनी व्यवस्था में आत्मसात करने के लिए खुले दिल से तत्पर रहना चाहिए, और अपने देश को स्वतंत्र कराने, सदैव स्वतंत्र रखने और अपनी स्वतंत्रता तथा निजता को बनाए रखने के उद्‍देश्य से इसका पूरा उपयोग करना चाहिए।

—अखिल भारतीय महाविद्यालय छात्र-सम्मेलन में अध्यक्षीय भाषण
(नागपुर, 25 दिसंबर, 1920)

✻ ✻ ✻

विदेशी अधिकारी

भारत उन अफसरों, जजों और प्रशासकों को भारी वेतन दे रहा है, जो देश की भाषाओं से अनभिज्ञ हैं और जिन्हें भारतीय रीति-रिवाजों और प्रथाओं का तनिक भी ज्ञान नहीं है। यहाँ तक कि कुछ न्यायाधीश, ऊँचे वेतन पानेवाले अफसर और बैरिस्टर देश की भाषा से इतने हास्यास्पद रूप में अनभिज्ञ हैं कि अपनी भाषा में गवाही देनेवाले गवाह को समझने में असफल रहते हुए पशुओं और वस्तुओं के नामों को मनुष्य के नाम समझ बैठते

हैं। आप उस न्यायाधीश के बारे में क्या कहेंगे जो 'बुफेलो' या 'डांकी' का देशी भाषा में पर्यायवाची न जानने के कारण इस बात की जिद करे कि बुफेलो (भैंस) या डांकी (गधा) को अदालत में गवाही के लिए पेश किया जाए। *—राइटिंग्स एंड स्पीचेज (भाग-1), पृ. 75*

* * *

विदेशी भाषा सीखें

कोई भी राष्ट्र चाहते हुए भी एकाकी जीवन व्यतीत नहीं कर सकता, चाहे वह अपनी इच्छा और आकांक्षाओं में कितना ही आदर्श क्यों न हो, अथवा जीवन-मूल्यों और मानदंडों की ओर उसका आध्यात्मिक रूप से कितना ही झुकाव क्यों न हो। व्यापार एवं उद्योग के उद्देश्य से अन्य राष्ट्रों के साथ अंतः संपर्क ऐच्छिक नहीं रह गया है। यह अनिवार्य है। यदि भारतीयों को भारत के उद्योग और वाणिज्य का संचालन करना है, विदेशियों को नहीं, और यदि भारतीयों को इससे लाभ कमाना है, तो यह आवश्यक है कि हमारे व्यवसायी एवं व्यापारीगण यथासंभव अधिक-से-अधिक विदेशी भाषाएँ सीखें, पहले स्कूल में, फिर स्कूल से निकलकर।

—राइटिंग्स एंड स्पीचेज (भाग-1), पृ.363

* * *

विदेशी शासन

किसी भी दशा में, विदेशी शासन एक अभिशाप है।...यदि एक बार विदेशी शासन स्थापित हो गया तो आप पागलपन से, अभिनय से अथवा भावनाओं से इसको पलट नहीं सकते। एक छोटा-सा समान विचारोंवाला राष्ट्र, जो एक सीमित क्षेत्र में निवास करता हो, धर्म, भाषा और संस्कृति के समान बंधनों से बँधा हो, इस प्रकार के शासन को कहीं अधिक आसानी से उखाड़ फेंक सकता है अपेक्षाकृत उस बड़े विषमतापूर्ण राष्ट्र के, जिसके अंदर धर्म, भाषा, भावनाओं के मतभेद विद्यमान हों, जो सभी वर्गों को विभक्त करते हों और एक-दूसरे से दूर रखते हों।

—राइटिंग्स एंड स्पीचेज (भाग-2), पृ. 241

* * *

विदेशी शासन जितना ही अधिक हितकारी होगा, उतना ही अधिक यह तुम्हारे राष्ट्रीय अस्तित्व के लिए खतरनाक होगा। यह तुमको तुम्हारी दासता विस्मृत कराए रखेगा। हमें अपनी बेड़ियों को नहीं भूलना चाहिए। एक विदेशी सरकार और गुलाम लोगों के बीच ऐच्छिक सहयोग हो ही नहीं सकता।

—लाहौर सेंट्रल जेल में लिखा लेख (सन् 1922)
(राइटिंग्स एंड स्पीचेज, भाग-2, पृ. 105)

* * *

विदेशी शासन शासित लोगों के नैतिक आधार को नष्ट कर देता है। उनको स्वतंत्र रूप से सोचने के अयोग्य कर देता है, यह उनके आत्मसम्मान को और कार्य में रुचि लेने की इच्छा को नष्ट कर देता है, यह उनको स्वतंत्र अभिव्यक्ति से रोकता है। यह किसी भी प्रकार के प्रभावशाली संगठन में रुकावट डालता है और निर्भरता की भावना को पनपाता है। एक (विदेशी) प्रशासन पूरी तरह से कुशल, पूरी तरह से निष्पक्ष और पूरी तरह से न्यायी हो सकता है (जो कि वर्तमान अंग्रेजी प्रशासन नहीं है) फिर भी अनैतिक है और प्रजातंत्र के स्वस्थ विकास में बाधक है। कोई राष्ट्र कुछ समय के लिए एक अकुशल प्रशासन तो बरदाश्त कर सकता है, परंतु दासता की स्थिति जीवन के स्वस्थ विकास के लिए घातक है।

—राइटिंग्स एंड स्पीचेज (भाग-2), पृ. 132

❋ ❋ ❋

विदेशी शासन, भले ही वह नेकनीयतवाला हो, कभी वरदान नहीं हो सकता। तब और भी नहीं जब यह मनमाने ढंग से ऐसे निरंकुश लोगों द्वारा किया जा रहा हो, जिन्हें उतने बड़े अधिकार सौंप दिए गए हों, जितने फरिश्तों को भी निश्िंचत होकर नहीं सौंपे जा सकते हों। भारत की सरकार आज जैसी है, वह गैर-जिम्मेदार विदेशियों की सरकार है जिनका मुख्य लक्ष्य भारत और भारतवासियों का शोषण करना है।

—राइटिंग्स एंड स्पीचेज (भाग-1), पृ. 71

❋ ❋ ❋

विदेशी शिक्षा

इस बात को मानना पड़ेगा कि विदेशी शिक्षा भले ही नास्तिक है, किंतु वर्तमान जागरण, त्याग, विरक्ति और वैराग्य की प्रवृत्ति के विरुद्ध प्रतिवाद, उसी के कारण ही पैदा हुआ। कभी-कभी मैं इसके नास्तिक होने पर कृतज्ञता अनुभव करता हूँ। यदि यह शिक्षा न होती, तब या तो जागृति न आती या निश्चित रूप से बहुत देर से आती।

—राइटिंग्स एंड स्पीचेज (भाग-1), पृ. 360

❋ ❋ ❋

विदेशी सरकार

मेरा हमेशा विश्वास रहा है कि विदेशी सरकार और गुलाम जाति के नेताओं के बीच कोई सहयोग नहीं हो सकता। एक विजित देश के प्रशासन में उस देश का सहयोग जीते गए क्षेत्र पर विजेताओं के शासनाधिकार की व्यावहारिक स्वीकारोक्ति है। विजित जाति के मनोविज्ञान के लिए इस प्रकार की स्वीकारोक्ति बड़ी हानिप्रद है। प्रशासन के कुछ विभाग निश्चित रूप से ऐसे हैं जिनमें सहयोग का विचार भी गुलाम जाति के नेताओं

की आत्मसम्मान की भावना को ठेस पहुँचानेवाला होना चाहिए।

—'दि ट्रिब्यून' में संपादक के नाम पत्र (3 जुलाई, 1920)

(राइटिंग्स एंड स्पीचेज, भाग-2, पृ. 11)

* * *

विदेशी सहायता

मैंने इस बात पर कभी विश्वास नहीं किया है और न ही करता हूँ कि हमारी मुक्ति कहीं बाहर से आएगी। सिद्धांत रूप में मैं विदेशों से प्राप्त राजनीतिक या सैनिक सहायता के विरुद्ध हूँ।

—राइटिंग्स एंड स्पीचेज (भाग-1), पृ. 319

* * *

विद्यार्थी और राजनीति

मैं उन लोगों में से नहीं हूँ, जो यह विश्वास करते हैं कि छात्रों को, विशेष रूप से विश्वविद्यालय के छात्रों को, राजनीति में दखल नहीं देना चाहिए। मेरा विचार है कि यह अत्यधिक मूर्खतापूर्ण सिद्धांत है और एक असंभव सिद्धांत भी है। यह भ्रमित मस्तिष्क की नहीं, बल्कि बेईमान मस्तिष्क की उपज है। आप किसी व्यक्ति को वर्तमान के ज्वलंत प्रश्नों पर राजनीतिक राय बनाने से नहीं रोक सकते।

—अखिल भारतीय कॉलेज छात्र कॉन्फ्रेंस में भाषण

(नागपुर, 25 दिसंबर, 1920)

* * *

विवाह-संस्था

बाल-विवाह की त्याज्य प्रथा पर प्रहार करके, विधवाओं द्वारा पुनर्विवाह के अधिकार की हिमायत करके, बहुविवाह की प्रथा की भर्त्सना करने में दृढ़ता दिखाकर और इस बात को भले ही आधे मन से स्वीकृति देकर कि दोनों पक्षों को विवाह तय करते समय अपने जीवनसाथी के चुनाव का अधिकार है, हमने विवाह की संस्था के बारे में अपनी विचारधारा पर पुनर्विचार करने की आवश्यकता को व्यावहारिक रूप से स्वीकार कर लिया है।

—राइटिंग्स एंड स्पीचेज (भाग-1), पृ. 373

* * *

विविधता में एकता

विविधताओं और भिन्नताओं के होते हुए भी हमारे देश में एकता के दर्शन होते हैं। हमारी जनसंख्या का विशाल भाग (हिंदू-मुसलमान दोनों) एक ही प्रजाति का है। दोनों का रक्त लगभग आर्य नस्ल का है। जनसंख्या के विशाल भाग द्वारा बोली जानेवाली

भाषा का एक सामान्य स्रोत है। यहाँ तक कि द्रविड़ भाषाओं पर भी आर्य-प्रभाव स्पष्ट दिखाई देता है। धर्म के विषय में कुछ भिन्नता अवश्य है, परंतु हिंदुओं की भिन्न धार्मिक आस्थाओं को भी अपनी पद्धति में समा लेने की तत्परता के कारण यह भिन्नता इतनी अधिक परिलक्षित नहीं होती।

—तृतीय अखिल भारतीय आर्यकुमार सम्मेलन में अध्यक्षीय भाषण
(सहारनपुर, 18 अक्तूबर, 1912)

✻ ✻ ✻

वेद

आर्य सभ्यता, ज्ञान और संस्कृति की नींव वेदों पर आधारित है। संस्कृत साहित्य की प्रत्येक शाखा वेदों को अपने उद्‌गम का स्रोत मानती है। यदि वेदों को छोड़ दिया जाए तो संस्कृत साहित्य का भव्य भवन बिना नींव के रह जाएगा।

—वैदिक ट्रैक्ट का अंतिम अध्याय
—(लाला लाजपतराय की जीवन-कथा, पृ. 84)

✻ ✻ ✻

वेद ईश्वर की वाणी है, वे जाति के कल्याण के हित में सृष्टि के आरंभ में प्रकट हुए थे, वे ही एकमात्र आदिज्ञान हैं। अतः हर प्राणी का अधिकार है कि उन्हें जाने और उस समाज का सदस्य बने, जो उन्हें ईश्वर की वाणी स्वीकार करता है।

—आर्यसमाज, 73

✻ ✻ ✻

सच्चा हिंदू-धर्म वेद हैं। यदि हम हिंदू-साहित्य में पाई जानेवाली विसंगतियों को हटा दें, तो जो शेष बच जाएगा वही वेद हैं, और वही सच्चा प्राचीन और विशुद्ध हिंदू-धर्म है, जिसके प्रति किसी भी हिंदू के हृदय में कोई शंका नहीं है। यदि किसी को इस बात में शंका है तो वह हिंदू नहीं है, भले ही वह आर्य हो। हिंदू-धर्म एक धार्मिक, साहित्यिक और सामाजिक संगठन है, जिसकी नींव वेद हैं। जब तक ये इसका आधार हैं, हम इसकी समृद्धि की आशा कर सकते हैं।

—लाला लाजपतराय की जीवन-कथा, पृ. 203

✻ ✻ ✻

हम इस बात को पुनः दोहराते हैं कि वह धुरी, जिसके गिर्द हिंदू-भारत के सभी धार्मिक प्रश्न घूमते हैं, वेद हैं और रहेंगे। अतः अपनी सारी धर्म-संबंधी परेशानियों में प्रकाश और मार्गदर्शन पाने के लिए हमें वेदों की शरण में ही जाना चाहिए और वेदों से ही हमें सांत्वना मिलेगी।

—राइटिंग्स एंड स्पीचेज (भाग-1), पृ. 71

✻ ✻ ✻

व्यक्तिगत उदाहरण

मार्गदर्शन केवल उपदेश से नहीं वरन् व्यक्तिगत उदाहरण से देना होगा।

—राइटिंग्स एंड स्पीचेज (भाग-1), पृ. 140

* * *

व्यवसायीकरण

मैं उन लोगों में से हूँ, जो नितांत भौतिकवादिता या व्यवसायीकरण में आस्था नहीं रखते। मेरा सदैव विश्वास रहा है, और अब भी है कि भारत की मुक्ति व्यवसायीकरण से नहीं हो सकती तथा हमारा आर्थिक व औद्योगिक पुनरुत्थान हमारी देशभक्ति के आध्यात्मिक चरित्र पर और उस ऊँची नैतिकता पर निर्भर करता है, जो व्यवसायीकरण से ऊपर है।

—राइटिंग्स एंड स्पीचेज (भाग-1), पृ. 219

* * *

शासक-शासित

जब तब भारत में शासित लोगों से बिलकुल भिन्न एक शासक वर्ग रहेगा, तब तक भारत में स्थितियों के सुधरने की आशा करना व्यर्थ है। आदमी आदमी ही रहेगा, चाहे वह किसी भी राष्ट्रीयता, धर्म या रंग का क्यों न हो।

—राइटिंग्स एंड स्पीचेज (भाग-1), पृ. 69

* * *

शिक्षा

राष्ट्र की प्रथम आवश्यकता है अधिक स्कूल और अधिक अध्यापक। दूसरी आवश्यकता है अच्छे स्कूल और अच्छे संतुष्ट अध्यापक। तीसरी है व्यावसायिक स्कूल और वे स्कूल जो वाणिज्य और विदेशी भाषाओं में शिक्षा दें। चौथी है प्रौद्योगिकीय संस्थाएँ। पाँचवीं है शिक्षा को आगे जारी रखने के लिए स्कूल! छठी है अधिक हाईस्कूल और अधिक विश्वविद्यालय।

—लाला लाजपतराय की जीवन-कथा, पृ. 106

* * *

शिक्षा हमारे लिए सबसे अधिक महत्त्वपूर्ण प्रश्न है। यह हमारी सब समस्याओं में सबसे अधिक महत्त्वपूर्ण है। एक प्रकार से यह आधारभूत समस्या है। शिक्षा के उद्‌देश्यों, साध्यों और पद्धति के विषय में ढीले-ढीले और उलझे हुए विचारों से हमारा कार्य सिद्ध नहीं होगा। हमारा संपूर्ण भविष्य इसी पर निर्भर है। अतः हमारे लिए यही उचित है कि हम अपनी सारी मानसिक शक्ति, जो भी हमारे पास है, इसको सही प्रकार

से समझने और इसका सही समाधान खोजने में लगा दें।

—राइटिंग्स एंड स्पीचेज (भाग-1), पृ. 357

❊ ❊ ❊

हमारी शिक्षा हमें उन लोगों को प्रशंसा और सम्मान की दृष्टि से देखना सिखाती है, जो चतुर हैं, भले ही ईमानदार और नेक नहीं हैं, जो धन इकट्ठा करने और अपनी स्थिति बनाने के लिए दूसरों के अधिकारों को रौंदते हैं, जो अपनी कुशल बुद्धि का प्रयोग उन लोगों पर हावी हो जाने के लिए करते हैं, जिनकी बुद्धि इतनी कुशल नहीं है, जो तर्क विद्या, दर्शनशास्त्र, कानून और भाषा का विकृत उपयोग धन कमाने और प्रतिष्ठा तथा संपत्ति पाने के लिए करते हैं।

—महात्मा गांधी को पत्र

('यंग इंडिया' में 17 दिसंबर, 1919 को प्रकाशित)

❊ ❊ ❊

शिक्षा और अनुभव

लड़के-लड़कियों को जीवन देखने का, जीवन में घूमने-फिरने का, जीवन के झटकों और प्रतिक्रियाओं को अनुभव करने का हर अवसर मिलना चाहिए। दूसरों से अलग रखकर पाले गए लड़के और परदे में पाली गई लड़कियाँ बहुत घटिया पुरुष और स्त्रियाँ बनते हैं। अकसर उनको पहले ही प्रलोभन का शिकार होते देखा गया है। वे अनुभवहीनता और उत्साह के अभाव के कारण जीवन को बरबाद कर लेते हैं। लड़कियों और लड़कों के साथ आश्रितों जैसा और अपने से हीन तथा दासों जैसा व्यवहार करने की अपेक्षा साथियों जैसा व्यवहार करना चाहिए। हमें उनमें अपना पूरा विश्वास रखना चाहिए और उनमें स्पष्टवादिता को प्रेरित करना चाहिए। लड़के-लड़कियों को एक-दूसरे से दूर रखने के स्थान पर हमें उन्हें दूर पास लाना चाहिए। मेरी राय में उन्हें पास लाने से होनेवाली हानि की अपेक्षा उन्हें रखने से अधिक हानि होती है।

—राइटिंग्स एंड स्पीचेज (भाग-1), पृ. 366-37

❊ ❊ ❊

शिक्षा और पर्यावरण

नवीन विचारधारा यह है कि लड़के-लड़कियों को उस पर्यावरण और उन परिस्थितियों से घिरा होने दो, जिनमें उन्हें रहना है और बाद के जीवन में जिनका मुकाबला करना है। लड़के-लड़कियों को वास्तविक जीवन की दशाओं से अनभिज्ञ, जीवन की सामाजिक सुविधाओं से बेखबर, सामूहिक जीवन की अकस्मात पड़नेवाली आवश्यकताओं और अपेक्षाओं से अनुभवहीन, निर्जनता में पलने-बढ़ने देना, उनको शिक्षा

के अत्यधिक मूल्यवान तत्त्व से वंचित करना है।

—राइटिंग्स एंड स्पीचेज (भाग-1), पृ. 366

❋ ❋ ❋

शिक्षा और साक्षरता

मैं साक्षरता को बहुत महत्त्व देता हूँ, लेकिन शिक्षा का वास्तविक उद्देश्य उन परिवर्तनों के होने में है जो शिक्षा किसी के चरित्र, आदतों और तौर-तरीकों में लाती है।

—केंद्रीय विधानसभा में भाषण (8 फरवरी, 1926)

❋ ❋ ❋

शिक्षा और उद्देश्य

वास्तविक शिक्षा का ध्येय तुम्हें इनसान बनाना, स्वतंत्र रूप से विचार करने और कार्य करने के योग्य बनाना और स्वाधीन कार्य पाने के योग्य बनाना होना चाहिए।

—अखिल भारतीय महाविद्यालय छात्र-सम्मेलन में अध्यक्षीय भाषण (नागपुर, 25 दिसंबर, 1920)

❋ ❋ ❋

शिक्षा का उद्देश्य स्त्री और पुरुषों को जीवन-रूपी संघर्ष के लिए समर्थ बनाना है। हम उनको साधु-संतों में परिवर्तित करना नहीं चाहते। आज के लड़के-लड़कियाँ ही कल के नागरिक हैं। संपूर्ण जीवन सामाजिक है।

—राइटिंग्स एंड स्पीचेज (भाग-1), पृ. 366

❋ ❋ ❋

शिक्षा का ध्येय होना चाहिए शिक्षित को इस योग्य बनाना कि वह समाज के प्रति जिम्मेदारी की भावना से स्वयं विचार करने और कार्य करने के योग्य हो सके। क्या गुरुकुल-पद्धति इस लक्ष्य को प्राप्त कर सकी? मेरी राय में, यह ऐसा नहीं कर सकी।

—राइटिंग्स एंड स्पीचेज (भाग-1), पृ. 364

❋ ❋ ❋

शिक्षा का मानदंड

फैशनपरस्त कहलाने की इच्छा करना शिक्षा का पूरी तरह से मिथ्या मानदंड है।

—अखिल भारतीय महाविद्यालय छात्र-सम्मेलन में अध्यक्षीय भाषण (नागपुर, 25 दिसंबर, 1920)

❋ ❋ ❋

शिक्षा-पद्धति

यदि हम शेष संसार के साथ कदम-से-कदम मिलाकर आगे बढ़ना चाहते हैं तो

हमारे लड़के-लड़कियों को समाज से बिलकुल अलग करके नहीं पाला जा सकता। उनको उसी समाज के मध्य पालना होगा, जिसका उन्हें सदस्य होना है। उनको आदतों का निर्माण करना है और हर आपातस्थिति को सीखना-समझना है। उनको प्रलोभनों पर विजय पाना सीखना है, उनसे बचना नहीं। यह संसार ही एक प्रलोभन है।

—राइटिंग्स एंड स्पीचेज (भाग-1), पृ. 365-366

* * *

शिक्षित वर्ग

जब तक शिक्षित वर्ग भूमि के वास्तविक जोतनेवालों और कारखानों के मजदूरों से स्वयं को अलग रखेगा, स्वराज्य प्राप्त नहीं कर सकता।

—अखिल भारतीय महाविद्यालय छात्र-सम्मेलन में अध्यक्षीय भाषण (नागपुर, 25 दिसंबर, 1920)

* * *

शुद्धिकरण

'शुद्धि' का शाब्दिक अर्थ है—'शुद्ध करना' परंतु जब आर्यसमाजी इसका प्रयोग करते हैं तो इसमें पुनर्स्थापन और धर्मांतरण भी सम्मिलित हो जाता है। आर्यसमाज, वैदिक-धार्मिक संस्था होने के नाते और इस कारण हिंदू-संगठन होने के नाते, उन लोगों के पुनर्स्थापन के कार्य में लगा हुआ है, जो हिंदू-धर्म को छोड़ गए थे, और ऐसे हर व्यक्ति का धर्मांतरण करता है जो इसकी धार्मिक शिक्षाओं को स्वीकार करता है। ऐसा करने में इसका मुसलमान मुल्लाओं और ईसाई पादरियों के धर्म-परिवर्तन के कार्य से प्रत्यक्ष संघर्ष होता है। 'शुद्धि' की सबसे बड़ी सफलता हिंदुओं में दलित वर्गों की सामाजिक स्थिति को ऊँचा उठाने और उन्हें हिंदू-धर्म छोड़कर दूसरे धर्मों में चले जाने से रोकने में निहित है। *—आर्यसमाज, पृ. 220*

* * *

श्रम

संसार सच्चे रूप में प्रजातांत्रिक तभी बन सकता है, जब श्रम को उसके उचित स्थान पर आसीन किया जाएगा। वर्तमान स्थिति असभ्यतापूर्ण है। धन के उत्पादक राष्ट्र में सबसे गरीब, सबसे पिछड़े और सबसे अधिक दयनीय दशावाले मनुष्य हैं। यदि यूरोपीय सभ्यता में कोई ऐसी चीज है जिसका हमें किसी भी दशा में अनुकरण नहीं करना है तो वह है उनका पूँजीगत आर्थिक जीवन, उनका उद्योगवाद, उनकी व्यावसायिकता और वर्ग-विभाजन। *—लाला लाजपतराय की जीवन-कथा, पृ. 107*

* * *

श्रम की महिमा

हम लोग अपने शासकों द्वारा पहाड़ों की सालाना सैर पर इतना धन व्यय किए जाने पर आपत्ति करते हैं। पर हम स्वयं क्या कर रहे हैं ? असल में बात यह है कि हमने 'दिमागी काम' को शारीरिक परिश्रम से अधिक महत्त्व प्रदान किया हुआ है। एक सफल वकील को, जिसकी कमाई हजारों रुपए मासिक है, पहाड़ों पर कुछ महीने बिताने का हक है, परंतु एक किसान या दुकानदार या क्लर्क को, जो कुछ सौ रुपए ही कमा पाता है, मैदानों की गरमी बरदाश्त करनी ही पड़ेगी। क्या सचमुच राष्ट्र के लिए एक वकील का कार्य एक किसान, एक अध्यापक या एक खनिक के कार्य से अधिक महत्त्वपूर्ण है ? यह देश कभी आजाद नहीं होगा, न ही यह आजाद होने के काबिल है, जब तक हमारे नेता लोग प्रेरणा, मार्गदर्शन और प्रकाश के लिए अधिकारियों के स्थान पर जनता की ओर देखना न शुरू कर दें।

—महात्मा गांधी को पत्र

('यंग इंडिया' में 13 नवंबर, 1919 को प्रकाशित)

* * *

श्रमिक हड़ताल

श्रमिकों में अशांति और हड़तालें खाली पेट भूख की वजह से हैं। मैं हड़तालों का समर्थन नहीं करता। मैं छोटे-छोटे बहानों पर हड़तालें करने का समर्थन नहीं करता। मैंने श्रमिकों के बीच कहा था कि वे इन हड़तालों को बार-बार न करें, न ही हड़तालों को मामूली ढंग से लें। परंतु भूख इस सलाह को अस्वीकार्य बना देती है। यह भूख है, जो उन्हें हड़तालों का सहारा लेने को बाध्य करती है।

—केंद्रीय विधानसभा में भाषण (12 सितंबर, 1928)

* * *

संगठन

किसी संगठन की सफलता के लिए अनुशासन और वैधानिक ढंग से स्थापित तंत्र तथा स्वयं संविधान के प्रति आज्ञाकारिता उतनी ही अधिक आवश्यक है, जितनी कि उसे गतिहीनता, बासीपन और मृत्यु से बचाने के लिए स्वतंत्र आलोचना और अत्याचार के खिलाफ विद्रोह की भावना का होना।

—आर्यसमाज, पृ.279

* * *

संगठित पूँजी

भारत भी अपनी प्राचीन सभ्यता, अपने जबरदस्त अध्यात्मवाद, अपने महान् दर्शन, अपनी सुंदर कला और समस्त मानव-जाति के पाँचवें भागवाले जन-परिवार के होते हुए

भी संगठित पूँजी की शक्तियों के द्वारा निष्प्राण कर दिया गया है और आज इसके कदमों पर चित्त पड़ा है।

—प्रथम अखिल भारतीय ट्रेड यूनियन कांग्रेस में अध्यक्षीय भाषण
(बंबई, 7 नवंबर, 1920)

संगठित पूँजी ने पिछले डेढ़ सौ वर्षों से विश्व पर शासन किया है, और आज विश्व इसके बोझ के नीचे कराह रहा है। इसने अनेक पुरानी सभ्यताओं को नष्ट कर दिया है, धर्म को गुलाम बना लिया है, विज्ञान को जंजीरों से जकड़ दिया है और प्रकृति तथा मानवबुद्धि की समस्त शक्तियों को बंधक बना लिया है। मानवता इसकी बँधुआ दास है। प्राचीन चीन अपने करोड़ों परिश्रमी, उद्योगी और कला-प्रेमी लोगों के होते हुए भी तथा अपनी प्राचीन संस्कृति, विज्ञान व कला के होते हुए भी, पूँजीचक्र पर टूट गया है और नष्ट हो गया है।

—प्रथम अखिल भारतीय ट्रेड यूनियन कांग्रेस में अध्यक्षीय भाषण
(बंबई, 7 नवंबर, 1920)

* * *

संघर्ष

नरक जैसी तानाशाही आसानी से नहीं जीती जा सकती, पर हमारे दिलों को यह तसल्ली है कि जितना ही कड़ा संघर्ष होता है, जीत उतनी ही अधिक गौरवशाली होती है। जो वस्तु हमें सस्ते में प्राप्त हो जाती है, हम उसे महत्त्व नहीं देते।

—राइटिंग्स एंड स्पीचेज (भाग-1), पृ. 143

* * *

संघर्ष, कठिन संघर्ष, प्रगति का नियम है। सत्य-असत्य के बीच, पाप-पुण्य के बीच, ईमानदारी-बेईमानी के बीच, अवसरवादिता और सदाचार के बीच, आलस्य और शक्ति के बीच, उद्यम और सुस्ती की प्रवृत्ति के बीच और रागयानुकूल स्वार्थ व नेक निःस्वार्थता के बीच संघर्ष होना ही चाहिए। बिना इस संघर्ष के कोई राष्ट्र महान् तथा प्रभावशाली बनने की आकांक्षा नहीं कर सकता।

—राइटिंग्स एंड स्पीचेज (भाग-1), पृ. 43

* * *

संस्कृत

संस्कृत एक संपूर्ण भाषा है, मूल्यवान साहित्य का इसका महान् इतिहास है, और ऐसी ही लैटिन और यूनानी भाषाएँ भी हैं। ये सब बहनें हैं। जिस तरह यूरोप और अमरीका इस परिणाम पर पहुँच रहे हैं कि एक सामान्य लड़के के लिए, जो अपना जीवन साहित्यिक अथवा ऐतिहासिक शोध में अर्पित करना नहीं चाहता, लैटिन और यूनानी के

अध्ययन के स्थान पर अन्य आधुनिक भाषाओं का अध्ययन अधिक लाभप्रद सिद्ध हो सकता है, वैसा ही हिंदुओं को भी करना होगा।

—राइटिंग्स एंड स्पीचेज (भाग-1), पृ. 361

* * *

संस्कृत का महत्त्व ऐतिहासिक शोध के उद्‌देश्यों के लिए स्पष्ट है। हमारी भाषाओं के शब्दकोश की वृद्धि के लिए इसकी सहायता अपरिहार्य है। विद्वत्ता के उद्‌देश्यों से इसको सीखना और समृद्ध करना समझ में आता है, परंतु एक साधारण नागरिक के व्यावहारिक जीवन के लिए इसका उपयोग एक समस्या से भी अधिक सिरदर्द बनकर रह जाएगा। भारत में संस्कृत की स्थिति वैसी ही है जैसी यूरोप में यूनानी और लैटिन भाषाओं की। समझदार यूरोप इन भाषाओं के अध्ययन को छोड़ रहा है, केवल उन थोड़े-से लोगों को छोड़कर, जो साहित्य के लिए जीवन अर्पित करना चाहते हैं। भारत को भी ऐसा ही करना होगा यदि यह चाहता है कि इसके बच्चे जीवन की व्यावहारिक समस्याओं को सुलझाने में समय व शक्ति लगाएँ। *—राइटिंग्स एंड स्पीचेज (भाग-1), पृ. 361*

* * *

सत्य और न्याय

सत्य और न्याय की उपासना करते हुए हमें सांसारिक लाभ-हानि की चिंता किए बिना ईमानदार व साहसी होना चाहिए। सर्वप्रथम लोगों को ईमानदारी और साहस से विचार करना सीखना चाहिए। कालांतर में इससे ईमानदार, साहसी और सत्यवाणी द्वारा और बाद में ईमानदार, साहसी और प्रेरणादायक कार्यों द्वारा हमारा अनुगमन किया जाएगा।

—राइटिंग्स एंड स्पीचेज (भाग-1), पृ.136

* * *

सत्ता

ऊपर से प्राप्त सत्ता एक दोधारी तलवार है। यह उस सत्ता की अपेक्षा, जो नीचे से प्राप्त होती है, अधिक मनोबल गिरानेवाली और भ्रष्ट करनेवाली है। ऊपर से प्राप्त सत्ता से घमंड, दंभ, असहायता और संकीर्ण दृष्टिकोण उत्पन्न होता है, नीचे से प्राप्त सत्ता से नम्रता, सहनशीलता, निरंतर सजगता और त्याग की भावना का उदय होता है।

—लाहौर सेंट्रल जेल में लिखा लेख (1922)
(राइटिंग्स एंड स्पीचेज, भाग-2, पृ. 118)

* * *

सदाचार

मेरे राजनीतिक विश्वास के अनुसार, प्रत्येक हार से प्रेरणा लेनी चाहिए कि हम एक नई, अधिक सदाचारपूर्ण और अधिक शक्तिशाली क्रियाकलाप की शुरुआत करें।

राजनीतिक सिद्धांत, जिनमें मैं बहुत अधिक विश्वास करता हूँ, यह है कि राष्ट्र स्वयं बनते हैं और सद् आचरण ही राष्ट्र को उन्नत बनाते हैं।

—अखिल भारतीय स्वदेशी कांग्रेस में अध्यक्षीय भाषण
(सूरत, दिसंबर, 1907)

❋ ❋ ❋

हम अपने संपूर्ण इतिहास में एक सदाचारी राष्ट्र रहे हैं, हम सदाचारी बने रहेंगे और सदाचार के बल पर ही जीतेंगे। मैं चाहता हूँ कि आप अपनी सभ्यता के प्रति वफादार रहें। सत्य की खोज करें, सत्य बोलें, सत्य पर आचरण करें, और मैं वायदा करता हूँ कि आपकी विजय होगी।

—यूरोप से भारत वापसी पर स्वागत के अवसर पर
(बंबई, 20 फरवरी, 1920)

❋ ❋ ❋

सफलता

हमारी सफलता इस बात से निर्धारित होगी कि हम कितने निष्ठावान हैं, हमारे नेताओं में आत्मबलिदान की कितनी भावना है, जनसामान्य में आत्म-त्याग की कितनी भावना है। हम कहाँ तक सदाचारपूर्ण पथ-प्रदर्शन कर सकते हैं और सदाचारी व्यक्तियों द्वारा पथ-प्रदर्शित हो सकते हैं। समय आ गया है, जब हमें शरीर व मन की मुक्ति तथा सुविधामय व अपेक्षाकृत सुगम जीवन (जो वर्तमान शासन में कुछ को प्राप्त है) के बीच चयन करना होगा।

— भारतीय राष्ट्रीय कांग्रेस के विशेष अधिवेशन में अध्यक्षीय भाषण
(कलकत्ता, 4 सितंबर, 1920)

❋ ❋ ❋

सभ्यता

कुछ अंग्रेज राजनीतिज्ञ कहते हैं कि उन्होंने भारत को अज्ञानता के अंधकार से बाहर निकालकर नई सभ्यता में प्रवेश दिलाया। लेकिन वे भूल जाते हैं कि सभ्यता तब तक निरर्थक है जब तक उसके लाभों का उपयोग करने के साधन न हों, बल्कि यह तो निश्चित रूप से हानिकारक है। एक भूखा व्यक्ति आपकी सभ्यता की न सराहना कर सकता है, न उसे दुआ दे सकता है। संसार में जीवन को सुखमय और सराहनीय बनानेवाले समस्त पदार्थों के बदले में यदि थोड़ी-सी शिक्षा सुलभ कर दी जाए तो इसे अमूल्य संपत्ति नहीं कहा जा सकता। *—राइटिंग्स एंड स्पीचेज (भाग-1), पृ. 38*

❋ ❋ ❋

समझौता

कार्यप्रणाली में, तरीकों में, दृष्टिकोणों में, प्रक्रिया में और उपायों तक में समझौता कर लेना व्यवस्थित सार्वजनिक जीवन का प्रथम सिद्धांत है और इसे भारतीयों को पश्चिम से इसी प्रकार सीखना चाहिए, जिस प्रकार उन्हें पश्चिमवालों से यह सीखना चाहिए कि अत्याचार, अन्याय और तानाशाही को कैसे परास्त किया जाए?

—आर्यसमाज, पृ. 279

* * *

समर्पित जन

देश के प्रति समर्पित जन को आगे लाओ, धन अपने आप आ जाएगा। इसलिए वास्तविक चीज यही है, जिसका पता लगाने में राष्ट्र को अपनी सर्वोत्तम शक्ति और गुणों का प्रयोग करना चाहिए।

—राइटिंग्स एंड स्पीचेज (भाग-1), पृ. 143

* * *

समाज

यदि आज के प्रतियोगिता और शिक्षा के काल में कोई समाज अपने सदस्यों को प्रगति का पूरा अवसर प्रदान नहीं करता तो वह अपने पैरों पर खड़ा नहीं रह सकता।

—आर्यसमाज, पृ. 227

* * *

समाजवाद

समाजवाद क्या है? सार रूप में यह प्रतिवाद है उस पतन के विरुद्ध, जहाँ मानवजाति के आनंद उठानेवाले वर्ग ने श्रमहारा वर्ग को पहुँचा दिया है। भारत में हम लोग भी इस बुराई के इतने ही बड़े शिकार हैं, जितने शेष विश्व के लोग। आधुनिक औद्योगिकवाद और आधुनिक साम्राज्यवाद जुड़वाँ बहनें हैं। एक के बाद दूसरी आती है।

—राइटिंग्स एंड स्पीचेज (भाग-2), पृ. 121-122

* * *

समानता की हमारी अवधारणा

समानता की हमारी अवधारणा प्राकृतिक अधिकारों के सिद्धांत पर नहीं, बल्कि सेवा के सिद्धांत पर आधारित है। किसी भी प्रकार का श्रम, जो समाज द्वारा वांछित सामाजिक ध्येय की पूर्ति करता है, हीन नहीं है।

—राइटिंग्स एंड स्पीचेज (भाग-2), पृ. 119

* * *

सरकार

सरकार केवल उतना ही देती है, जितना उसे अपनी सुरक्षा के हित में देना आवश्यक होता है। असल में, सरकार उस सुविधा को अपनी ओर से बख्शना दिखाती है, जो कि जनता द्वारा अधिकार के रूप में प्राप्त कर लिया गया होता है। *—राइटिंग्स एंड स्पीचेज (भाग-1), पृ. 306*

* * *

सरकार की शक्ति

'उचित' और 'अनुचित' शब्दों का सरकारों के शब्दकोश में कोई अर्थ नहीं होता, और विदेशी सरकारों के शब्दकोश में तो बिलकुल ही नहीं होता। यह तो समय की जरूरत है, जो व्यावहारिक रूप से किसी कार्य के औचित्य या अनौचित्य को निर्धारित करती है। यदि कोई सरकार यह सोचती है कि उसकी प्रतिष्ठा बनाए रखने के लिए ऐसी असाधारण शक्तियों की आवश्यकता है, तो उसे ऐसा करने में कोई संकोच नहीं होता। जब वह सरकार उस शक्ति को ले लेती है और प्रयोग करती है तो फिर उचित या अनुचित होने की बात ही कैसे कर सकती है।

—राइटिंग्स एंड स्पीचेज, (भाग-2), पृ. 343

* * *

सर्वधर्म समादर

विश्व के अन्य धर्मों का, जिसमें भारत के धर्म भी सम्मिलित हैं, उनके सर्वोत्तम समर्थकों के लेखों के माध्यम से अध्ययन किया जाना चाहिए और सदैव ही उनके संबंध में सम्मान और लिहाज करते हुए कुछ कहा जाना चाहिए, भले ही हम उनको पूर्ण रूप से सत्य मानने में असमर्थ हों। *—आर्यसमाज, पृ. 253*

* * *

सहयोग

ऐसा सहयोग, जो अनैतिक है या जो तुम्हें एक विदेशी नौकरशाही के हाथ का खिलौना बना देता है या जो तुम्हें उनके आदेशों को पूरा करने के लिए विवश कर देता है, उस सहयोग से सर्वथा भिन्न है, जो स्पष्टत: देश के हित में है। इसी प्रकार से, वह सहयोग, जो आर्थिक आवश्यकता के कारण करना पड़ा हो, उस सहयोग से सर्वथा भिन्न है, जो मुख्यत: प्रतिष्ठा और गरिमा पर आधारित है।

— भारतीय राष्ट्रीय कांग्रेस के विशेष अधिवेशन में अध्यक्षीय भाषण
(कलकत्ता, 4 सितंबर, 1920)

* * *

सहयोग-भावना

हमें उन संघर्षशील तत्त्वों के साथ सहयोग करना चाहिए, जो प्रत्येक देश में मानवता को नरक से निकालने के लिए प्रयत्नशील हैं। उनकी आवाज-में-आवाज मिलानी चाहिए, कंधे-से-कंधा मिलाकर हमें अपनी आत्मिक शक्ति उनके साथ लगा देनी चाहिए, जिससे वे अनाचार के अंधकार से विश्व को उबारकर सदाचार की ओर तथा प्रत्येक व्यक्ति को समानता की ओर अग्रसर कर सकें, चाहे वह व्यक्ति किसी भी देश, वर्ग, जाति या धर्म का क्यों न हो।

—यूरोप से भारत वापसी पर स्वागत के अवसर पर

(बंबई, 20 फरवरी, 1920)

❋ ❋ ❋

सहायता

मैं किसी से भी मिलनेवाली उस सहायता को कृतज्ञतापूर्वक स्वीकार करूँगा, जो हमारे नवयुवकों को देश की आजादी के लिए तैयार करे और शिक्षित करे। लेकिन मैं कोई कार्य ऐसा नहीं करूँगा, जो भारत में अनावश्यक रक्तपात का कारण बने।

—अमेरिका से इंग्लैंड के प्रधानमंत्री को लिखा खुला पत्र

(13 जून, 1917)

❋ ❋ ❋

सांप्रदायिक एकता

हिंदू-मुसलमान दोनों ही इस देश के वारिस हैं, वे एक ही प्रजाति, एक ही देश के वासी हैं, उन दोनों पर एक ही आकाश है और समान सूर्य उन पर चमकता है। एक हिंदू और काफी पुराना आर्यसमाजी होने के नाते, मैं इस बात को बतलाना चाहता हूँ कि वे इसलाम के सामान्य न्यासी हैं। मुसलमानों को भी हिंदू-संस्थाओं के प्रति ऐसा ही सम्मान रखना चाहिए। संसार में कोई भी शक्ति ऐसी नहीं, जो हमें हतोत्साह कर सके।

—अमेरिका से वापसी पर स्वागत का उत्तर

(लाहौर, 27 फरवरी, 1920)

❋ ❋ ❋

सांप्रदायिकता

संकीर्ण धार्मिक वातावरण, जो कि इस समय हिंदू, मुसलिम और सिखों के सांप्रदायिक जीवन में छाया हुआ है, एक संगठित भारत की धारणा के लिए घातक है,

और जितनी जल्दी इन संप्रदायों के नेतागण इस सत्य को समझ लेंगे, उतना ही हम सबके लिए अच्छा रहेगा।

—राइटिंग्स एंड स्पीचेज (भाग-2), पृ. 182

* * *

सांप्रदायिक संघर्ष

भारत एक राष्ट्र है और यह आसानी से एक प्रभावी राष्ट्र बन सकता है यदि हम संप्रदायों और जातियों के संघर्ष का इलाज ढूँढ़ सकें, जिसके कारण भारत के पूर्ण राष्ट्रीयता-प्राप्ति के मार्ग में रुकावट आती है। भारत की यही समस्या है, और यह समस्या एकता के ताबड़तोड़ प्रदर्शन से, कृत्रिम समझौतों से या केवल दिमाग से इसे हटा देने से दूर नहीं होगी। इसके लिए निरंतर प्रचार, धैर्यपूर्ण प्रतीक्षा और इसके मार्ग से कठिनाइयों को दूर करने की लंबी प्रक्रिया की आवश्यकता है। धर्म, धर्म के स्वरूप और धार्मिक फार्मूलों पर हर समुदाय व संप्रदाय द्वारा जोर दिया जाना और राजनीतिक क्षेत्र में धार्मिक अंतरों को मान्यता देना, इस उद्‌देश्य की प्राप्ति का सही तरीका नहीं है।

—राइटिंग्स एंड स्पीचेज (भाग-2), पृ. 241

* * *

सांप्रदायिक सद्‌भाव

दोनों संप्रदायों (हिंदू व मुसलमान) के बीच पारस्परिक विश्वास और सौहार्द के बिना, उनमें प्रेम और एकता से रहने की इच्छा के बिना, एक-दूसरे की गलतियों को भुला देने और क्षमा कर देने की तत्परता के बिना और 'संगठित रहेंगे तो उठेंगे, बँटेंगे तो गिरेंगे' सिद्धांत से अटूट विश्वास के बिना, हम एक राष्ट्र का निर्माण नहीं कर सकते। अत: हमारा तात्कालिक काम यह होना चाहिए कि हम उन तरीकों और साधनों का पता लगाएँ जिससे दोनों संप्रदाय मित्रता और पारस्परिक विश्वास के वातावरण में एक-दूसरे के निकट आ सकें।

—पंजाब प्रांतीय सम्मेलन में अध्यक्षीय भाषण
(जरानवाला, दिसंबर, 1923,
दि ट्रिब्यून, 9 दिसंबर, 1923)

* * *

सांप्रदायिक हित

अपने अन्य धर्मों के देशवासियों के प्रति मेरे मन में किसी प्रकार का दुर्भाव नहीं है। मैं सभी का अभ्युदय तथा कल्याण चाहता हूँ। अपने संप्रदाय की स्थिति सुधारने तथा अपने सहधर्मियों के लिए लाभदायक पद प्राप्त करने के लिए जो-जो प्रयत्न उनकी ओर

से होते हैं, मैं उन्हें बुरा नहीं समझता। भारत की वर्तमान राजनीतिक परिस्थिति में उन्हें अपने संप्रदाय के हितों की रक्षा करने का पूर्ण अधिकार है, बशर्ते कि ऐसा करते हुए वे गैर-हिंदुस्तानियों के साथ अपवित्र गठजोड़ करके हिंदुओं को हानि न पहुचाएँ। और हिंदुओं के मुकाबले में हिंदुओं को तथा गैर-हिंदुस्तानियों के मुकाबले में हिंदुस्तानियों को मेरा वही उपदेश है, जो युधिष्ठिर ने दुर्योधन के उन शत्रुओं को दिया था, जो पांडवों के पास यह प्रस्ताव लेकर आए थे कि हम मिलकर दुर्योधन को हराएँ। *—लाला लाजपतराय, पृ. 80*

❊ ❊ ❊

सामाजिक उत्तरदायित्व

सामाजिक उत्तरदायित्व की भावना का हमारे अंदर अभाव है, और यही एक राष्ट्र के रूप में हमारी राय में बाधक है।

—राइटिंग्स एंड स्पीचेज (भाग-1), पृ. 55

❊ ❊ ❊

सामाजिक नियम

हमारे लिए सर्वश्रेष्ठ मार्ग यह रहेगा कि हम अपने सामाजिक नियमों को स्वयं बदल दें, और इसके लिए प्राचीन धर्मशास्त्रों में पर्याप्त अधिकार और प्रावधान हैं। समाज-धर्म सदैव ही देश और काल से नियमित होता आया है। हिंदुओं ने समय-समय पर अपनी बदली हुई आवश्यकताओं और परिस्थितियों के अनुसार इसमें परिवर्तन किया है, और इससे उनको स्थिरता और स्थायित्व की प्राप्ति हुई है।

—प्रांतीय हिंदू कांग्रेस में भाषण (बंबई, 5 दिसंबर, 1925)

❊ ❊ ❊

सामाजिक सुधार

समुदाय की सबसे बड़ी आवश्यकता है बड़े पैमाने पर सामाजिक सुधार। कोई भी राजनीतिक प्रगति इसके बिना नहीं हो सकती। क्या कोई सचमुच विश्वास करता है कि बाल-विवाह, छूतछात से बँधा हुआ समुदाय, जो जीवन के प्रति उदासीनता का दृष्टिकोण रखता है और विरक्ति एवं त्याग की मनोवृत्तिवाला है, उस दक्षता को प्राप्त कर सकता है जो आजकल एक सम्माननीय सामुदायिक अथवा राष्ट्रीय अस्तित्व के लिए आवश्यक है?

—प्रादेशिक हिंदू-सम्मेलन में भाषण (बंबई, 5 दिसंबर, 1925)

❊ ❊ ❊

साम्यवाद

मैं यह पूरी तरह से स्वीकार करने को तैयार हूँ कि साम्यवाद और साम्राज्यवाद दो

विपरीत छोरों पर हैं। मुझे बिलकुल संदेह नहीं है कि संसार में साम्यवाद की विजय का अर्थ होगा सभी साम्राज्यों का विनाश।

—केंद्रीय विधानसभा में भाषण (12 दिसंबर, 1928)

हमें बोल्शेववाद या साम्यवाद से कोई खतरा नहीं है। हमें तो सबसे बड़ा खतरा पूँजीपतियों और शोषकों से है। क्या हम सब यह नहीं जानते कि लंकाशायर और ब्रिटिश श्रमिक संघों से हड़ताल कराने के लिए धन आता है, जिससे भारतीय कारखाने न चलें? यह केवल मास्को का ही धन नहीं है, जो हड़तालों को सहारा देता है। केवल बोल्शेविकों को दोष देने से क्या लाभ··· ? हम चाहते हैं कि सभी विदेशी इस देश से चले जाएँ और हमें बख्श दें। हम उनका मित्रों के रूप में सदैव स्वागत करेंगे।

—केंद्रीय विधानसभा में भाषण (12 दिसंबर, 1928)

* * *

साम्राज्यवाद

साम्यवादी अराजकतावादी नहीं हैं। संगठित सरकार के सभी समरूपों पर अराजकतावाद आक्रमण करता है, साम्यवाद नहीं।

—केंद्रीय विधानसभा में भाषण (12 सितंबर, 1928)

* * *

साम्राज्यवाद

साम्राज्यवाद किसी तर्क को नहीं जानता। यह मानवता से संपर्क नहीं रखता। यह एकपक्षीय मस्तिष्क रखता है। *—राइटिंग्स एंड स्पीचेज (भाग-2), पृ. 21*

* * *

'साम्राज्यवाद' से अधिक दुष्टतापूर्ण, पापयुक्त और अपराध-भावना से भरा हुआ कोई और शब्द मनुष्य-बुद्धि ने कभी नहीं गढ़ा। मैं कभी भी किसी साम्राज्यवादी व्यवस्था में भागीदार नहीं होना चाहता। मैं तो अपने देश के लिए समानता का दर्जा चाहता हूँ, पहले ब्रिटिश कॉमनवैल्थ में, तत्पश्चात् विश्व के राष्ट्रों में।

—यूरोप से भारत वापसी पर स्वागत के अवसर पर
(बंबई, 20 फरवरी, 1920)

* * *

सिद्धांत

आंदोलन का जवाब सदैव आंदोलन से दिया जा सकता है और इस तरह उसे शक्तिहीन बनाया जा सकता है, परंतु सिद्धांतों का विरोध नहीं हो सकता। यदि वे सत्य हैं

तो कोई उन्हें नष्ट नहीं कर सकता। भारत के भविष्य के लिए राजनीतिज्ञों की सेवाओं की आवश्यकता है, मात्र आंदोलनकर्ताओं की नहीं। राष्ट्र के भविष्य के लिए आधार रूप में सिद्धांतों की मजबूती और तरीकों की शुद्धता की आवश्यकता है, मात्र कूटनीतिक रूप से करवट बदलने या दुहरी चालों की आवश्यकता नहीं है।

—राइटिंग्स एंड स्पीचेज (भाग-1), पृ. 26

* * *

सुखी वैवाहिक जीवन

सामान्यतया एक सुखी और सफल विवाह के लिए आवश्यक है कि—

1. दंपती माता-पिता बनने के लिए शारीरिक रूप से योग्य हों।

2. वे एक-दूसरे के प्रति प्रेम और लगाव से प्रारंभ करें, और इसका पता तभी चल सकता है, जब वे विवाह से पहले सामाजिक रूप से कम-से-कम कुछ मात्रा में एक-दूसरे के साथी रहे हों।

3. वे बीमारी के प्रभाव से, चाहे वह आनुवंशिक हो या ग्रहण की गई हों, मुक्त हों, अथवा दूसरे शब्दों में, वे स्वस्थ संतति उत्पन्न करने योग्य हों।

4. वे आर्थिक रूप से इतने सक्षिम हों कि घर चला सकें।

—लाला लाजपतराय : जीवन-कथा, पृ. 211

* * *

सुधार

सभी सुधारों का मार्ग काँटों से भरा है, हर मोड़ पर हमारा सामना कठिनाइयों से होता है। इस संसार में कोई भी सुधार ऐसा नहीं, जिसमें कोई कठिनाई पेश न आई हो। एक ओर जहाँ हमें धैर्य की आवश्यकता है, वहीं दूसरी ओर गहन बाधाओं से बचने के लिए सावधानी की आवश्यकता है। अस्पृश्य वर्गों के उत्थान-कार्य में इन वर्गों को स्वयं अपने कठिनाइयों का सामना करना होगा और उनके सामने, जो इन वर्गों से घनिष्ठ संबंध बनाने का साहस दिखलाएँगे, ये बाधाएँ और भी अधिक आएँगी।

—गुरुकुल काँगड़ी में दलित वर्ग कांफ्रेंस में अध्यक्षीय भाषण
(दि ट्रिब्यून, 21-22 मई, 1913)

* * *

स्त्रियों की दशा

चाहे हम घिनौने तथ्यों की सफाई देने की कितनी ही कोशिश क्यों न करें, इस बात से इनकार नहीं किया जा सकता कि भारत में स्त्रियों की दशा आजकल और कुछ समय पहले से बहुत निम्न है, यद्यपि कुछ बीते युगों में यह ऊँची थी···। उनका उत्थान नैतिक

तथा सामाजिक दृष्टि से इतना ही आवश्यक है, जितना दलित-वर्गों का। स्त्री-पुरुष दोनों को समान बतलाना मेरी राय में गलत है। कई मायनों में स्त्री पुरुष से श्रेष्ठ है, कई मायनों में पुरुष स्त्री से श्रेष्ठ है।

—राइटिंग्स एंड स्पीचेज (भाग-1), पृ. 375

❋ ❋ ❋

भारत में स्त्रियों की वर्तमान स्थिति समाज की उन्नति के लिए अधिक हानिकारक है। यह राष्ट्र की धार्मिक, सामाजिक, भौतिक, मानसिक और आर्थिक प्रगति में बहुत रुकावट डालती है। सामाजिक मूल्यों के दृष्टिकोण से, कोई भी प्रश्न इतना जरूरी नहीं है, जितना स्त्रियों के अधिकारों के पुनर्स्थापन का, अर्थात् उनके शिक्षा-प्राप्ति व कार्य की स्वतंत्रता के अधिकारों का। प्राचीन हिंदू, स्त्रियों के शिक्षा के अधिकार की कोई सीमा नहीं मानते थे, न ही उनके कार्यों की स्वतंत्रता पर पाबंदी लगाते थे, केवल उन दशाओं को छोड़कर जब माँ अथवा पत्नी के रूप में उन्हें अपने कुछ विशेष दायित्व निबाहने होते थे।

—राइटिंग्स एंड स्पीचेज (भाग-1), पृ. 379

❋ ❋ ❋

स्त्री का दायित्व

बच्चे जनना स्त्री के जीवन का न तो एकमात्र धर्म है और न ही मुख्य कार्य। यह विचारधारा कि विवाह का एकमात्र औचित्य संतान की कामना है, एक अंधविश्वास है, जिसको नष्ट किया जाना चाहिए। स्त्री-पुरुष का मिलन कामनाओं के वैज्ञानिक संतुष्टीकरण से कहीं अधिक महत्त्व रखता है, इस सत्य को दृष्टि से ओझल नहीं करना चाहिए।

—राइटिंग्स एंड स्पीचेज (भाग-1), पृ. 387

❋ ❋ ❋

स्त्री का सुख

सुख की कसौटी क्या है? असहायता और अवश्यंभाविता की भावना से ग्रस्त होकर जबरदस्ती महसूस किया जानेवाला सुख, सच्चा सुख नहीं है। दो नवयुवा, जिन्हें उनके माता-पिता की मरजी से बाँध दिया गया है, उन्हें तो स्थिति को स्वीकार करना ही होता है। लड़की जानती है कि उसके लिए कोई और मार्ग नहीं है, इसलिए वह यह मानना शुरू कर देती है कि उसका पति व स्वामी सबसे अधिक सुंदर है, सबसे अधिक गुणवान और उसके लिए एकमात्र पुरुष है। अतः वह उसके प्रति पूरे समर्पित भाव से रहती है, परंतु यह समर्पण असहायता की भावना से जन्मता है। आर्थिक पराधीनता भी एक कारण है।

—राइटिंग्स एंड स्पीचेज (भाग-1), पृ. 385

❋ ❋ ❋

स्त्री-पुरुष का मिलन

स्त्री-पुरुष का मिलन उनके व्यक्तित्व के विकास में उनकी सहायता करता है, और यही जीवन का मुख्य उद्‌देश्य भी है। संतान पैदा करना एक सामाजिक कर्तव्य है। स्त्री-पुरुष को अपनी जाति के प्रति यह कर्तव्य निबाहना है। यह एक व्यक्तिगत कर्तव्य भी है, क्योंकि बच्चे उनके अपने विकास में सहायक होते हैं। परंतु निश्चित रूप से उनके जीवन का यही न तो एकमात्र धर्म है, न ही मुख्य कार्य। ऐसी सामाजिक व्यवस्था भर्त्सना-योग्य है, जिसमें स्त्रियों को केवल बच्चा जनने की मशीन की स्थिति में पहुँचा दिया गया हो।

—राइटिंग्स एंड स्पीचेज (भाग-1), पृ. 387

❊ ❊ ❊

स्त्री-बंधन

एक राष्ट्र, जो अपनी माताओं के बंधनों को सहन कर लेता है, किसी प्रकार की स्वतंत्रता की दिशा में तेजी से प्रगति नहीं कर सकता।

—राइटिंग्स एंड स्पीचेज (भाग-1), पृ. 379

❊ ❊ ❊

स्त्री-शिक्षा

मैं इस विश्वास में कोई औचित्य नहीं देखता कि स्त्री-पुरुषों की शैक्षिक आवश्यकताओं में इतनी अधिक भिन्नता है कि दोनों को एक-दूसरे से भिन्न प्रकार की शिक्षा दी जाए। अपनी स्त्रियों के लिए शैक्षिक आवश्यकताओं-संबंधी हमारी विचारधारा इस बात पर आधारित नहीं होनी चाहिए कि हम उन्हें क्या देखना पसंद करते हैं—केवल स्नेहमयी पत्नियाँ और अच्छी माताएँ। हम निश्चित रूप से स्नेहमयी पत्नियाँ और अच्छी माताएँ चाहते हैं। लेकिन स्त्रियाँ इससे भी अधिक कुछ हैं, ठीक वैसे ही जैसे पुरुष स्नेहमय पति और अच्छे पिता से भी अधिक कुछ हैं। जैसे एक लड़के को ऐसी शिक्षा की आवश्यकता है, जो उसमें पौरुष का पूर्ण विकास कर सके, ठीक वैसे ही एक लड़की को भी ऐसी शिक्षा की आवश्यकता है, जो उसके नारीत्व का पूर्ण विकास कर सके। एक जैसा सिद्धांत ही दोनों की शिक्षा के निर्देशन के लिए आवश्यक है, थोड़ा अंतर क्रियान्वयन में हो सकता है।

—राइटिंग्स एंड स्पीचेज (भाग-1), पृ. 381

❊ ❊ ❊

विश्वविद्यालयीय डिप्लोमा-डिग्रियों के लिए सनक चल पड़ी है। ये परीक्षाएँ एक बड़ा अभिशाप हैं। फिर भी हमारे सर्वश्रेष्ठ शिक्षित व्यक्ति परीक्षाओं के पीछे पागल हैं। मैं स्त्रियों के ज्ञान और विद्वत्ता पर कोई सीमा नहीं लगाता, परंतु आवश्यकता नहीं कि

डिग्री-डिप्लोमा से ज्ञान-विद्वत्ता ही उत्पन्न हो। स्त्री घर की देवी होती है, परंतु वह सामाजिक जीवन की अधिष्ठात्री प्रतिमा भी होती है। उसको शिक्षित करना अत्यंत वांछनीय है। परंतु इस प्रकार की संदेहास्पद शिक्षा, जो केवल डिग्री व डिप्लोमा पाने का पासपोर्ट है, न केवल उनके लिए अनावश्यक है अपितु अवांछनीय भी है।

—प्रादेशिक हिंदू-सम्मेलन में भाषण
(बंबई, 5 दिसंबर, 1925)

❊ ❊ ❊

स्पष्टवादिता

मेरे देशवासियो! मैं चाहता हूँ कि आप खुले में कार्य करें, पूरी स्पष्टवादिता के साथ, गुप्त पद्धतियों और सभी प्रकार के हिंसात्मक तरीकों का त्याग करके कार्य करें। यदि हम आत्मिक बल से नहीं जीत सकते, यदि हम करोड़ों लोगों की इच्छा-शक्ति और दृढ़-निश्चय के बल से नहीं जीत सकते तो हम हिंसा के बल पर अपनी आजादी को जीतने के अधिकारी नहीं हैं।

—यूरोप से भारत वापसी पर स्वागत के अवसर पर
(बंबई, 20 फरवरी, 1920)

❊ ❊ ❊

स्वतंत्र राष्ट्र

एक स्वतंत्र राष्ट्र अपनी सरकार को इच्छानुसार बदल सकता है। यह उसका अधिकार है। किसी स्वतंत्र देश के राजनीतिज्ञ जनता के अधिकारों की देखभाल कर सकते हैं। लेकिन गुलाम देश के कोई अधिकार नहीं होते। क्योंकि राज्य लोगों के अधीन नहीं होता, इसलिए लोगों के प्रति उसकी जिम्मेदारियाँ भी नहीं होतीं, केवल उन्हें छोड़कर जिन्हें स्वयं स्वीकार करके अपने ऊपर ओढ़ लें।

—लाहौर सेंट्रल जेल में लिखा लेख (1922)
(राइटिंग्स एंड स्पीचेज, भाग-2, पृ. 98)

❊ ❊ ❊

स्वतंत्रता

मुख्यत: बाहरी सहायता के द्वारा जीती हुई स्वतंत्रता के शीघ्र ही खो जाने की आशंका बनी रहती है। 'जातियों का निर्माण उनके निजी हाथों द्वारा ही होना चाहिए।' यह बात शाश्वत् सत्य है।

—लाला लाजपतराय, पृ. 95

❊ ❊ ❊

मेरा विश्वास है कि ऐसा कोई राष्ट्र स्वतंत्रता का न तो अधिकारी है और न ही स्वतंत्रता प्राप्त कर सकता है, जो इसकी खातिर कष्ट झेलने को तैयार नहीं है।

—महात्मा गांधी को पत्र
('यंग इंडिया' में 13 अगस्त, 1919 को प्रकाशित)

❋ ❋ ❋

स्वतंत्रता का उदय भारत माँ के अंदर से ही होना चाहिए। स्वतंत्रता कहीं बाहर से नहीं आएगी, स्वतंत्रता आकाश से नहीं टपकेगी। स्वतंत्रता हमारी धरती से ही देवी के समान उदित होगी, और हम अपने हाथों से उसको पुष्प अर्पित करेंगे और उसकी अर्चना करेंगे।

—यूरोप से भारत वापसी पर स्वागत के अवसर पर
(बंबई, 20 फरवरी, 1920)

❋ ❋ ❋

स्वतंत्रता का मार्ग लंबा और कष्टपूर्ण है। लक्ष्य दूर हो सकता है, यद्यपि मैं आशा करता हूँ कि यह दूर नहीं है। कार्य कठिन हो सकता है, परंतु 35 करोड़ के राष्ट्र के लिए कुछ असंभव नहीं है। यदि हम अपना कर्तव्य, साहस और निडरता से, देश के हित के प्रति निःस्वार्थ समर्पण की भावना से करने का निश्चय करें तो हम अपने लक्ष्य को निकट भविष्य में प्राप्त कर लेंगे।

—अखिल भारतीय कांग्रेस के 35वें अधिवेशन में असहयोग प्रस्ताव पर भाषण (नागपुर, दिसंबर, 1920)

❋ ❋ ❋

स्वाधीनता की चाह से स्वतंत्रता आती है। स्वतंत्रता संसद् द्वारा बनाए किसी कानून से नहीं आती। यदि तुम अपनी जीविका के लिए इस या उस विभाग पर निर्भर रहोगे, तुम हमेशा गुलाम बने रहोगे। लेकिन जिस क्षण तुम धन अथवा नौकरी के प्रलोभन में आए-बिना कुल्हाड़ी उठाकर जाकर पेड़ काटोगे, जिस क्षण झाड़ू उठाकर कमरा बुहारोगे, तुम उन सभी बंधनों से मुक्त हो जाओगे, जिनसे तुम अभी तक ग्रसित हो। मुक्त होना सीखो।

—यूरोप से भारत-वापसी पर स्वागत के अवसर पर
(बंबई, 20 फरवरी, 1920)

❋ ❋ ❋

स्वतंत्रता और प्रजातंत्र

हम स्वतंत्रता की कामना करते हैं—हर मानव-प्राणी के लिए, हर राष्ट्र के लिए और सभी राष्ट्रों व मनुष्यों के लिए। हमारा आदर्श एक विश्व आदर्श है, एक संपूर्ण

सभ्यता है, जिसमें हर राष्ट्र के आदर्श और सभ्यता को स्थान मिल सकता है। हम संसार को वह सब-कुछ देना चाहते हैं, जो हमारे अंदर सर्वोत्तम है।

—लाला लाजपतराय की जीवन-कथा, पृ. 108

* * *

स्वतंत्रता के लिए बलिदान

भारत में क्रांति का नया अध्याय शुरू हो गया है। उसके हजारों-लाखों पुत्रों को यह महसूस होने लगा है कि स्वतंत्रता के लिए मरना श्रेयस्कर है। करोड़ों देशवासियों के लिए, यदि वे लाखों की संख्या में मरकर भी गुलामी की जंजीरों को तोड़ सकें, जो उनके देश को व उनके देशवासियों को जकड़े हुए हैं, तो वे तैयार हैं। बड़ी संख्या में वे यह अनुभव कर रहे हैं कि बिना स्वतंत्रता के जीना केवल साँस लेना भर है, लेकिन सम्मान के बिना जीवन तो इससे भी गया-बीता है। यह लज्जास्पद है।

—राइटिंग्स एंड स्पीचेज (भाग-1), पृ. 235

* * *

स्वतंत्रता-संग्राम

स्वातंत्र्य-युद्ध की शक्ति जहाँ नैतिक तथा आध्यात्मिक संपत्ति है, वहाँ वह भौतिक तथा वैज्ञानिक संपत्ति भी थी।

—लाला लाजपतराय, पृ. 95

* * *

स्वतंत्र होने के लिए

तुम गुलाम तो थोड़ा-थोड़ा करके बन सकते हो, परंतु स्वतंत्र थोड़ा-थोड़ा करके नहीं हो सकते।…हम गुलाम हैं, हम स्वतंत्र होना चाहते हैं। स्वतंत्र होने के लिए हमारे पीछे कोई बाध्य करनेवाली शक्ति होनी आवश्यक है। आवश्यक नहीं कि यह भौतिक शक्ति हो। वर्तमान दशाओं और परिस्थितियों में भौतिक शक्ति की बात सोचना मूर्खता होगी। जिस बल को हम उत्पन्न करना चाहते हैं, वह है राष्ट्रीय इच्छा-शक्ति का बल। हमें राष्ट्रीय इच्छा-शक्ति को इस प्रकार से निर्मित करना, दिखा देना तथा नियंत्रित करना होगा कि यह अदम्य बन जाए।

—राइटिंग्स एंड स्पीचेज (भाग-2), पृ. 104

* * *

स्वदेशी

मेरी सम्मति में, स्वदेशी अखंड भारत का सामान्य धर्म होना चाहिए। लेकिन इस सबके बावजूद, एक व्यावहारिक स्वदेशी समर्थक के नाते मैं चाहता हूँ कि देश की

आर्थिक आवश्यकताओं, अपेक्षाओं और वैज्ञानिक आकलन पर आधारित औद्योगिक विकास के व्यावहारिक कार्यक्रम के बीच एक बेहतर तालमेल होना चाहिए।

—राइटिंग्स एंड स्पीचेज (भाग-1), पृ. 105

❋ ❋ ❋

मेरे लिए 'स्वदेशी' और 'देशभक्ति' शब्द पर्यायवाची हैं। न मैं ऐसा मानता हूँ, न आरोप लगाता हूँ कि स्वतंत्र व्यवसायी देशभक्त नहीं हैं। वे स्वदेशी समर्थक नहीं हैं, ऐसा मैंने जानबूझकर नहीं कहा, क्योंकि मैं ऐसा कहने के लिए तैयार नहीं हूँ कि वे भारतीय जो स्वतंत्र व्यवसायी हैं, निश्चय ही स्वदेशी समर्थक न हों।

—राइटिंग्स एंड स्पीचेज़ (भाग-1), पृ. 105

❋ ❋ ❋

स्वराज्य

एक अन्य बुराई, जिसके कारण हम बहुधा लड़खड़ाने लगते हैं, हमारे लोगों की अशिक्षा और अज्ञानता है। मैं स्वीकार करता हूँ कि जनसाधारण को शिक्षित करना नितांत आवश्यक है। परंतु मैं इस दलील में कोई सार नहीं देख पाता कि स्वराज्य की माँग से पहले सर्वसाधारण को शिक्षित किया जाना जरूरी है। असल में, स्वराज्य के बिना सर्वसाधारण के लिए शिक्षा की आशा करना व्यर्थ है।

—राइटिंग्स एंड स्पीचेज (भाग-1), पृ. 143

❋ ❋ ❋

यदि भारत के अंग्रेज शासक हमको केवल जीवन और संपत्ति की सुरक्षा देने का प्रस्ताव करें और सम्मान व आजादी से हमें वंचित करना चाहें तो हमें इसे स्वीकार करने से इनकार कर देना चाहिए। स्वतंत्रता के बिना कोई जीवन नहीं और स्वराज्य के बिना कोई स्वतंत्रता नहीं।

—कांग्रेस अधिवेशन में अध्यक्षीय भाषण
(कलकत्ता, 14 सितंबर, 1920)

❋ ❋ ❋

स्वराज्य तो सच्चे अर्थों में तभी होगा, जब हम अपने स्वरूप में स्थिर रहकर राजनीतिक स्वतंत्रता प्राप्त करें। हमारा स्वरूप है हमारा धर्म, हमारी संस्कृति और हमारी अपनी देशगत-जातिगत भावनाएँ। उन्हें त्यागकर मिलनेवाला स्वराज्य, स्वराज्य नहीं है। यदि किसी देश का बहुसंख्यक समाज दलित हो जाए, तो वह देश ही दलित हो जाएगा। प्रजातंत्र की यह सीधी माँग है कि किसी देश या क्षेत्र का बहुसंख्यक समाज सिर उठाकर चलने की स्वतंत्रता रखे। अल्पसंख्यकों की सहायता से विदेशी शासन इस देश के

बहुसंख्यकों को दबाकर अपना प्रभुत्व रखना चाहता है। यही इस देश के लिए भारी अभिशाप है। जो कोई भी इस नीति का समर्थक या पोषक है, वह प्रजातंत्र का शत्रु है।

—लाला लाजपतराय, पृ. 125

* * *

स्वशासन

वह व्यक्ति पागल है, जो कहता है कि राष्ट्र की सेवा के लिए जो अवसर आपको किसी भी प्रकार मिलता हो, उसका आप लाभ न उठाएँ। मैं उन्हें बताना चाहता हूँ, वे मुझसे यह बात सीखें कि मैं स्वशासन लिए बिना कभी भी संतुष्ट नहीं होऊँगा।

—विदेश से भारत वापसी पर स्वागत के अवसर पर
(बंबई, 20 फरवरी, 1920)

* * *

स्वावलंबन

अपना काम अपने हाथों से करना सीखो। नौकरों पर निर्भर मत रहो। धन-संपदा पर निर्भर मत रहो। दूसरों की नकल मत करो। यह अत्यंत मूर्खतापूर्ण और आत्मघाती होगा। जितना ही अधिक तुम स्वतंत्र होगे, उतना ही अधिक तुम्हारे अंदर कष्ट उठाने की क्षमता होगी, और जितना अधिक तुम्हारे अंदर एक सादा जीवन बिताने की योग्यता होगी उतना ही अधिक तुम स्वतंत्र होगे।

—यूरोप से भारत वापसी पर स्वागत के अवसर पर
(बंबई, 20 फरवरी, 1920)

* * *

हम गुलाम क्यों?

एक प्रश्न ने हमें अकसर सोते-जागते परेशान किया है कि हमारे बीच महान्, प्रेरक और शक्तिशाली धार्मिक सत्यों के होते हुए और नैतिकता की बहुत ऊँची धारणा के होते हुए भी हम क्यों एक गुलाम जाति रहें और इतनी शताब्दियों से क्यों ऐसे लोगों द्वारा गुलाम बनाए गए हैं जो न शारीरिक, न आध्यात्मिक और न ही बौद्धिक दृष्टि से हमसे इतने श्रेष्ठ थे कि हमें गुलाम बना सकें।

इसका उत्तर यह है कि व्यक्तिगत रूप से हमारे अंदर उस सामाजिक उत्तरदायित्व की भावना का अभाव है जो समाज के हर सदस्य से यह अपेक्षा करती है कि वह स्वहित के ऊपर समुदाय और राष्ट्र के हितों को रखे। हमारे अंदर स्वार्थ, लोभ और हितवर्द्धन सर्वोपरि है। हममें से अधिकांश समाज अथवा राष्ट्र के बारे में सोच भी नहीं सकते। लेकिन वे भी, जो इनके बारे में सोच सकते हैं और इनकी ओर ध्यान देने की बात करते

हैं, इनकी ओर तब लेशमात्र भी ध्यान नहीं देते जब उनके स्वार्थ समाज के हितों से टकराते हैं। *—राइटिंग्स एंड स्पीचेज (भाग-1), पृ. 55-56*

❋ ❋ ❋

हमारा दृष्टिकोण

हमारा ध्येय है जीवन की अपनी धारणा के अनुसार रहने की आजादी प्राप्त करना, अपने आदर्शों का अनुसरण करना, अपनी सभ्यता का विकास और उद्देश्य की उस एकता की प्राप्ति जो हमें संसार के अन्य राष्ट्रों से विशिष्ट बनाती है, अपने लिए स्वाधीनता और सम्मान की सुनिश्चित स्थिति, आंतरिक सुरक्षा और बाह्य हस्तक्षेप से मुक्ति। दूसरों का जीतने या उन पर शासन करने की हमारी कोई महत्त्वाकांक्षा नहीं है। विदेशी बाजारों को शोषण करने की हमारी कोई इच्छा नहीं है और न ही हमें अपनी संस्कृति या सभ्यता दूसरों पर थोपने की कोई इच्छा है।

—राइटिंग्स एंड स्पीचेज (भाग-1), पृ. 340

❋ ❋ ❋

हमारी आवश्यकता

हमारे जनसाधारण को इस समय सबसे अधिक आवश्यकता वेदांत या वैराग्य की महानता पर उपदेशों की नहीं है, न ही स्वायत्त शासन पर भाषणों की है, वरन् सही सहयोगमय संगठन की है, भाई जैसी सहानुभूति की और अपने अधिक शिक्षित और अधिक भाग्यशाली देशवासियों के साथ सुगम, मुक्त और अनौपचारिक संपर्क की है।

—महात्मा गांधी को पत्र ('यंग इंडिया' में 13 नवंबर, 1919 को प्रकाशित)

❋ ❋ ❋

हिंदुत्व

एक ऐसे भवन को ढा देना आसान है, जिसकी नींव नहीं है, तनिक से झटके से ही यह गिर जाता है और इसके सारे भाग टुकड़े-टुकड़े होकर बिखर जाते हैं। धीरे-धीरे यह पृथ्वी से पूरी तरह लुप्त हो जाता है। कुछ समय बाद लोग इसके अस्तित्व को ही भूल जाते हैं। यदि हिंदू और हिंदुओं का अस्तित्व शेष है और यह समय के प्रहारों से पृथ्वी से लुप्त नहीं हुआ तो इसका कारण यह वास्तविकता है कि यह भवन मजबूत नींव और विचारधारा पर आधारित है, यद्यपि समय ने इस पवित्र, शानदार और विशाल इमारत पर अपने निशान छोड़ दिए हैं और इसे विकृत कर दिया है।

—वैदिक ट्रैक्ट के अंतिम अध्याय से
(लाला लाजपतराय की जीवन-कथा, पृ. 84)

❋ ❋ ❋

एक बात निश्चित है कि हिंदू लोग भारतीयों के अलावा कुछ हो ही नहीं सकते। उनके लिए अन्य कोई देश अथवा राष्ट्र है ही नहीं, जिसकी ओर वे निहार सकें, अतः उनके ऊपर किसी भी दशा में हिंदूवादिता का आरोप उस अर्थ में नहीं लगाया जा सकता, जिस अर्थ में इसलाम के संबंध में यह शब्द प्रयुक्त होता है। हिंदुओं के लिए हिंदू-धर्म और भारतीयता पर्यायवाची शब्द हैं।

—राइटिंग्स एंड स्पीचेज (भाग-2), पृ. 203

* * *

नैतिक प्रेरणाओं में हिंदू किसी से कम नहीं हैं। उनमें महान् उद्देश्यों के लिए आत्मबलिदान और आत्मत्याग की भावना विद्यमान है। कठिनाई यह है, यह भावना केवल व्यक्तियों तक ही सीमित है। आवश्यकता इस बात की है कि यह भावना जनसाधारण में व्यापक रूप से फैल जाए। मेरी राय में, वांछनीय सामाजिक नैतिकता के अभाव में लोग अपने हानि-लाभ का बहुत हिसाब लगाते हैं। स्वस्थ सामुदायिक जीवन के लिए साहस की ओर जोखिम उठानेवाले कार्यों की आवश्यकता होती है।

—राइटिंग्स एंड स्पीचेज (भाग-2), पृ. 307

* * *

मुसलमानों के आक्रमण से बहुत पहले से और शायद मुसलमानों के पैगंबर के उदय होने से भी बहुत पहले से हम लोग दूसरे देशों के लोगों के द्वारा हिंदू नाम से जाने जाते थे। इस नाम का क्या महत्त्व था? क्या यह जातिगत भेद था। नहीं, क्योंकि हिंदुओं में भी अनेक जातियाँ थीं। क्या यह प्रजातिसूचक नाम था? नहीं, क्योंकि ईरान के परशियन लोग भी इसी प्रजाति के थे। तब क्या यह एक धार्मिक पदवी थी? हाँ, आंशिक रूप से, निःसंदेह, धार्मिक थी, परंतु मुख्यतः राष्ट्रीय थी। सबूत के रूप में मैं यूनानी इतिहासकारों और मुसलमान लेखकों के लेखों से अनेक उद्धरण प्रस्तुत कर सकता हूँ।

—राइटिंग्स एंड स्पीचेज (भाग-1), पृ. 39

* * *

यदि इस देश के अहिंदू निवासी भी अपने धार्मिक विश्वासों को त्यागे-बिना अथवा किसी भी प्रकार से धार्मिक क्रियाकलापों से हटे बिना हिंदू नाम अपना लेते तो यह आदर्श अवस्था होती। इस देश का नाम हिंदुस्थान है, और जो भी इसको अपना घर स्वीकार करते हैं, उनको 'हिंदू' ही कहा व पुकारा जाना चाहिए। लेकिन ऐसा नहीं हुआ। इस देश में एक बड़ा मानव समुदाय ऐसा है जिनका यहाँ घर है पर 'हिंदू' कहलाने से जिसे एतराज है, और इन मतभेदों को बनाए रखने के लिए देश की सरकार यहाँ तक बढ़

गई कि उसने विधानसभाई एवं प्रशासकीय उद्देश्यों के लिए भी लोगों को मुसलमान और गैर-मुसलमान वर्गों में बाँट दिया है।

—प्रादेशिक हिंदू सम्मेलन में भाषण
(बंबई, 5 दिसंबर, 1925)

❋ ❋ ❋

यह सही है कि शताब्दियों पहले हिंदुओं के पूर्वज अत्यंत धार्मिक और ईश्वरभक्त लोग थे। उनमें अनेक प्रतिभावान, महान् आत्माएँ हुई हैं, श्रेष्ठतम संत और गुरु हुए हैं, जिन्होंने अपने अंदर परमात्मा की अनुभूति की तथा सर्वोच्च ज्ञान प्राप्त किया और अपने पीछे एक आध्यात्मिक एवं बौद्धिक विरासत छोड़ गए। लेकिन एक समय ऐसा आया, जब उनके वंशज ईश्वर को भूल गए, पुस्तकीय बहसों में फँस गए, बेजान क्रियाओं को अपना लिया और अपनी जाति के महान् पूर्वजों के द्वारा छोड़ी गई श्रेष्ठ विरासत की उपेक्षा कर दी।

—आर्यसमाज, पृ. 72

❋ ❋ ❋

हिंदुओ! भावनाएँ, अत्यधिक उदारता अथवा विवेक का अत्यधिक ध्यान तुम्हारी जाति के लिए घातक रहे हैं। मूर्खता की हद तक वीरता तुम्हारा अभिशाप रही है। मैं यह नहीं चाहता कि तुम केवल लाभ-हानि का हिसाब लगाते रहो, लेकिन मैं यह जरूर चाहता हूँ कि तुम विवेकपूर्ण, बुद्धिमत्ता और राजनीति को राजपूती भावना के साथ मिला लो। यदि तुम जीवित रहना चाहते हो और आत्म-सम्मान का जीवन व्यतीत करना चाहते हो तो तुम्हें रणक्षेत्र में वीरता और कौंसिल-कक्ष में बुद्धिमत्ता, समझदारी और राजनीति के गुण अपनाने होंगे।

—आठवें अंतरराष्ट्रीय श्रम-सम्मेलन में भाषण
(जेनेवा, 2 जून, 1926)

❋ ❋ ❋

हिंदू -

कुछ चीजें ऐसी हैं जो हानि और लाभ से कहीं अधिक महत्त्वपूर्ण हैं। प्रतिष्ठा, आत्मसम्मान, गरिमा, धर्म इनमें से कुछ हैं। हिंदुओं ने अपनी सामुदायिक वैयक्तिकता (खुद्दारी) इतने अधिक समय तक और ऐसी विषम परिस्थितियों में बनाए रखी कि इस बात को माना जा सकता है कि उनमें ये सब गुण विद्यमान हैं। इनके बिना वे उन सब आक्रमणों से नहीं बच सकते थे, जो उन पर और उनकी संस्कृति पर चारों ओर से हो रहे थे। परंतु उन्हें यदा-कदा यह स्मरण कराना आवश्यक है कि इन गुणों में कमी होना उनके लिए घातक होगा।

—राइटिंग्स एंड स्पीचेज (भाग-2), पृ. 308

❋ ❋ ❋

हिंदू और राष्ट्रीयता

मैं इस बात को स्वीकार नहीं करता कि हिंदुओं में अंग्रेजों के आने से पहले राष्ट्रीयता की भावना नहीं थी। तथ्यों को देखते हुए, हम एक राष्ट्र के विद्यमान होने से केवल इसलिए इनकार नहीं कर सकते कि राष्ट्र के सभी सदस्य रक्षा के लिए युद्ध में सम्मिलित नहीं हुए या इसलिए कि कुछ दगा दे गए और गद्दार बन गए या शत्रुपक्ष से जा मिले। न ही हम राष्ट्रीयता की भावना के विद्यमान होने से इसलिए इनकार कर सकते हैं कि वह भावना इतनी मजबूत नहीं थी कि उस राष्ट्र के विभिन्न सदस्यों के बीच सभी मतभेदों पर विजय प्राप्त कर सके, जिससे वे राष्ट्रीय हितों की रक्षा के लिए एकजुट होकर खड़े हो सकें। सभी वर्गों के हिंदुओं द्वारा मिलकर महमूद गजनवी के चौथे आक्रमण को पछाड़ देना कैसे भुलाया जा सकता है, और पांडवों के, अशोक के, शिलादित्य, विक्रम, भोज और अन्यों के साम्राज्यों को कैसे विस्मृत किया जा सकता है।

—राइटिंग्स एंड स्पीचेज (भाग-1), पृ. 38

* * *

हिंदू तथा निम्न वर्ग

हिंदू लोग अपनी जिस सहिष्णुता की शेखी बघारते हैं, वह सहिष्णुता उस समय गायब हो जाती है, जब समाज के निम्न वर्गों को उसकी आवश्यकता होती है। वर्तमान समय में ऊँची जाति के वे हिंदू, जिन्होंने पश्चिमी आदर्शों के अनुरूप शिक्षा प्राप्त की है, अकसर दूसरे धर्मों व संप्रदायों के प्रति हिंदू-धर्म द्वारा प्रदर्शित सहिष्णुता का बड़े गर्व के साथ बखान करते हैं, परंतु कोई भी आलोचक इस बात को कह सकता है कि उनकी यह सहिष्णुता भय अथवा लालच-जनित है। आप मुसलमानों अथवा ईसाइयों के प्रति अभद्र या बदमिजाजी का व्यवहार करने का साहस नहीं कर सकते, क्योंकि वे आपकी नाक में दम कर सकते हैं। लेकिन आप अपने ही लोगों के प्रति अभद्रता का व्यवहार कर सकते हैं, क्योंकि आपको उनसे प्रतिशोध की कोई आशंका नहीं है। परिणामस्वरूप हिंदुओं की संख्या कम होती जा रही है।

—राइटिंग्स एंड स्पीचेज (भाग-1), पृ. 171-172

* * *

हिंदू-धर्म

यह कहा जाता है कि हिंदू-धर्म कोई सिद्धांत नहीं है, इसको परिभाषित करना असंभव है, यह जीवन की एक व्यवस्था है, जिसका आवश्यक अंग जाति-प्रथा है और जब तक यह जाति-प्रथा रहेगी, तब तक इसे पर्याप्त रूप से सहिष्णु और प्रगतिशील

बनाना असंभव है। तथापि यह एक स्वीकार किया हुआ तथ्य है कि एक कठोर जाति-प्रथा और कठोर सामाजिक नैतिकता के नियमों के होते हुए भी हिंदू-धर्म विश्व के सभी महान् धर्मों से अधिक सहिष्णु है।

—राइटिंग्स एंड स्पीचेज (भाग-2), पृ. 18

❋ ❋ ❋

हिंदू-धर्म दूसरे लोगों के विश्वासों और आस्थाओं की हँसी नहीं उड़ाता, न ही दूसरे लोगों के अपने धर्मों का पालन करने तथा उनसे आध्यात्मिक संतोष प्राप्त करने के अधिकार को चुनौती देता है। यह मुक्ति का एकमात्र मार्ग होने का दावा भी नहीं करता। अपने अनुयायियों को यह पूरी आजादी देता है कि जो चाहें विश्वास करें और जैसे चाहे उपासना करें।

—राइटिंग्स एंड स्पीचेज (भाग-2), पृ. 184

❋ ❋ ❋

हमसे यह अकसर पूछा जाता है कि हिंदू-धर्म क्या है ? क्या हिंदू-धर्म वह है, जो विष्णु पुराण में वर्णित है, या वह है जो शिव पुराण में है, या वह है जो मत्स्य पुराण में है ? क्या हिंदू-धर्म वह है, जो ऋषि कपिल ने सिद्ध किया है ? क्या वल्लभाचार्य का मत हिंदू-धर्म है ? इन सबको हमारा उत्तर है कि इन सबमें हिंदू-धर्म निहित है। भले ही इनके मार्ग भिन्न हैं, लेकिन सभी के अंदर एक समरूपता विद्यमान है, अर्थात् वह आदर्श, जो सभी मतों के आधार में है। यही समरूप आदर्श सच्चा हिंदू-धर्म है, जिसके समक्ष सब सिर झुकाते हैं।

—वैदिक ट्रैक्ट के अंतिम अध्याय से
(लाला लाजपतराय की जीवन-कथा) पृ., 84

❋ ❋ ❋

हिंदू-धर्म और वेद

यह एक तथ्य है कि साहित्य और संस्कारों के बिना हिंदू-धर्म एक निरर्थक शब्द है। हिंदू-धर्म और वेद पर्यायवाची शब्द हैं। वेद हिंदू-धर्म की रीढ़ हैं। यदि हिंदू-धर्म को मानव-प्राणियों का वस्त्र माना जाए तो वेद उसकी आत्मा हैं, जिनके बिना हिंदू-धर्म केवल सड़ी लाश-मात्र रह जाएगा। वेद हिंदुओं की एकता की कुंजी हैं, साथ ही ये हिंदू-राष्ट्र की प्रगति की भी कुंजी हैं।

—वैदिक ट्रैक्ट के अंतिम अध्याय से
(लाला लाजपतराय की जीवन-कथा), पृ. 214

❋ ❋ ❋

हिंदू-मुसलिम

यदि भारत के मुसलमान अपने भाग्य को सदैव के लिए हिंदुओं के भाग्य से जोड़ना चाहें तो हिंदुओं का यह धार्मिक कर्तव्य हो जाता हे कि वे जीवन के हर क्षेत्र में उनकी सहायता करें। लेकिन यदि वर्तमान सांप्रदायिक आचरण के अनुसार ही उन्हें चलना है तो फिर उन्हें अपने कथित पिछड़ेपन के लिए हिंदुओं द्वारा उपेक्षा को दोष नहीं देना चाहिए।

—राइटिंग्स एंड स्पीचेज (भाग-2), पृ. 214

* * *

हिंदू-मुसलिम एकता

मैं इस बात पर विश्वास नहीं करता कि हिंदू-मुसलिम एकता का विचार केवल एक खयाली पुलाव है। यदि ऐसा है भी तो क्या हम भारत के बीस करोड़ हिंदुओं के प्रतिनिधि वर्तमान हालात को इस प्रकार सहन कर लेंगे और अपने लोगों को लगातार उस विपत्ति में गहरे डूबने देंगे जो हमें और उन्हें, सभी को पूर्ण राष्ट्रीय विनाश की ओर ले जाएगी? वर्तमान राजनीतिक और आर्थिक दशा लंबे समय तक चली तो यह स्थिति अवश्य आ ही जाएगी।

—अखिल भारतीय स्वदेशी आंदोलन में अध्यक्षीय भाषण (सूरत)

* * *

हमारा अर्थात् भारतीय राष्ट्रीय कांग्रेस का सदा यह विश्वास रहा है कि हिंदू-मुसलिम, दोनों संप्रदायों के बीच गहरी समझदारी की नींव के बिना किसी भले प्रकार भारतीय स्वतंत्रता का ढाँचा सुरक्षित रूप से खड़ा नहीं किया जा सकता। अंग्रेज नौकरशाही जान-बूझकर समय-समय पर एक को दूसरे से लड़ाती रही है और सफल भी हो गई है।

—भारतीय राष्ट्रीय कांग्रेस के विशेष अधिवेशन में अध्यक्षीय भाषण
(कलकत्ता, 4 सितंबर, 1920)

* * *

हमारे राजनीतिक भविष्य के लिए हिंदू-मुसलिम एकता अत्यंत मूल्यवान संपदा है। इस एकता की प्राप्ति में हमें इस या उस समुदाय के अल्पकालीन लाभ से प्रभावित नहीं होना है। हम इसको राजनीतिक उद्देश्य-पूर्ति के साधन के रूप में भी नहीं, अपनाएँगे। हमें तो इसको अपनी आस्था के आधारभूत सिद्धांत के रूप में अपनाना होगा, जिसके प्रति हमें अपनी मृत्यु-शय्या तक भी, तब तक अडिग रहना होगा जब तक हम स्वतंत्रता प्राप्त न कर लें। और केवल तभी तक नहीं, बाद में भी हम इस देश में भाइयों के समान रहेंगे।

—यूरोप से भारत वापसी पर स्वागत के अवसर पर
(बंबई, 20 फरवरी, 1920)

* * *

हिंदू-मुसलिम एकता तो एक प्रतीकात्मक अभिव्यक्ति है। यह एक अलग करनेवाली नहीं, बल्कि सम्मिलित करनेवाली धारणा है। जब हम हिंदू-मुसलिम एकता की बात करते हैं तो हम दूसरे धार्मिक समुदायों जैसे—सिख, ईसाई, पारसी, बौद्ध, जैन इत्यादि का अपनी एकता की धारणा या राष्ट्र के विचार से अलग नहीं करते। भारतीय राष्ट्र, जैसा यह है या जैसा हम बनाना चाहते हैं, हिंदू-मुसलिम-सिख-ईसाइयों में से केवल एक ही के लिए न तो है और न ही रहेगा।

—राइटिंग्स एंड स्पीचेज (भाग-2), पृ. 162

* * *

हिंदू-मुसलिम समस्या

हिंदू-मुसलिम समस्या ब्रिटिश राज में उत्पन्न हुई। भारत के लंबे और घटनापूर्ण इतिहास के हिंदू काल में इस देश में मुसलमान नहीं थे, अतः ऐसी कोई समस्या थी ही नहीं। मुसलिम काल में भी यह समस्या नहीं थी। शासकवंश के मुसलमान होने से मुसलमानों को हिंदुओं से अधिक अधिकार थे और ऐसी परिस्थिति में हिंदुओं को संतोष करना पड़ता था। भारत में मुसलिम शासन का होना हिंदुओं के लिए इतना दुखदायी नहीं था जितना निरंतर चलनेवाली युद्ध-स्थिति।

—राइटिंग्स एंड स्पीचेज (भाग-2), पृ. 159

* * *

हिंदू-समाज

आज का उच्च हिंदू-समाज उन्हीं पतनशील प्रभावों में रह रहा है जैसा कि पहले दासों के मालिक रहते थे। ऐसा हो नहीं सकता कि कोई व्यक्ति सुगमता से दूसरे को कुचल दे और उसे अमानवीय क्रूरता के लिए भारी दंड न भुगतना पड़े। जब तक हम सभी साथी व्यक्तियों का आदर नहीं करेंगे और सबको इनसान नहीं समझेंगे, हम अपने आत्मसम्मान और गरिमा की राह में विनाश के बीज बोएँगे।

—दलित वर्ग कॉन्फ्रेंस में अध्यक्षीय भाषण (गुरुकुल काँगड़ी, मई 1913)

* * *

आधुनिक हिंदुओं का यह विश्वास था और अधिकांश का अभी भी है कि हिंदू केवल जन्म से ही हो सकते हैं और हिंदू-समाज से बाहर उत्पन्न कोई भी व्यक्ति कभी हिंदू नहीं हो सकता। परिणामस्वरूप हिंदू-समाज निरंतर घटनेवाली इकाई बनकर रह गया। यह एक सीमित तथा बाहरी व्यक्तियों के लिए बंद समुदाय और एक मोहक घेरा बनकर रह गया। स्वामी दयानंद ने इस तिलिस्म को तोड़ा और बंद दरवाजों को खोला।

—आर्यसमाज, पृ. 80

* * *

यदि किसी भी धर्म के संस्थापकों अथवा धार्मिक विभूतियों की अपमानजनक आलोचना को रोकने के लिए कोई कानून बनाया जाता है तो मैं दृढ़ता से कहता हूँ कि हिंदू-समुदाय इसका अन्य समुदायों से बढ़कर स्वागत करेगा। काफी लंबे समय तक हिंदुओं का धर्मांतरण का प्रचार करने का कोई इरादा नहीं था। यदि आज हिंदू-समाज का कोई वर्ग धर्मांतरण के लिए प्रचार में लगा है तो यह रक्षात्मक उपाय है, न कि धर्मांतरण के लिए सक्रिय प्रचार। मैं इस बात को जोर देकर कहता हूँ कि हिंदुओं को देश के अपराध कानून में की गई ऐसी किसी व्यवस्था से आपत्ति नहीं होगी, जिसके अनुसार किसी धर्म का अपमान या किसी महान् धार्मिक विभूति का जान-बूझकर अपमान करना दंडनीय माना जाएगा।

—केंद्रीय विधानसभा में भाषण (5 दिसंबर, 1927)

❋ ❋ ❋

हिंदू-समाज परिवर्तन की अवस्था में है और उन सब बाह्य आडंबरों को त्यागता जा रहा है, जो दबाव या परेशानी के समय इसके साथ आ मिले थे। शिक्षा की प्रगति एवं आधुनिक प्रभावों के कारण, समाज की विचारधारा और जीवन के आदर्शों और तरीकों में आश्चर्यजनक परिवर्तन हो रहे हैं। अधिकांश शिक्षित हिंदू यह सोचते हैं कि उनकी प्रगति के कारण, भले ही वह अत्यंत आधुनिक पैमाने पर क्यों न हो, उनको अपना धर्म या इसके स्वरूप या हिंदुओं के रूप में जीवन के मुख्य आधार छोड़ने की आवश्यकता नहीं है। ऐसी स्थिति में हिंदू-समाज के लिए यह अत्यंत महत्त्वपूर्ण है कि प्रत्येक हिंदू न केवल उचित शिक्षा प्राप्त करे, बल्कि उसको इस बात का ज्ञान हो कि समाज में कोई भी स्थान ऐसा नहीं है, जिसके लिए वह प्रयत्न न कर सके, यदि उसमें इसके लिए आवश्यक व्यक्तिगत योग्यताएँ हैं।

—आर्यसमाज, पृ. 226

❋ ❋ ❋

हिंदू-स्त्री

एक झगड़ालू, अनावश्यक रूप से हठी, अभद्र, असभ्य स्त्री से बढ़कर घृणास्पद और कोई नहीं, परंतु यदि यही एकमात्र मार्ग है, जिस पर चलकर हिंदू-स्त्री एक कुशल, साहसी, स्वाधीन और शारीरिक रूप से समर्थ माँ हो सकती है तो मैं वर्तमान व्यवस्था से कहीं अधिक श्रेयस्कर इस मार्ग को समझूँगा।

—प्रांतीय हिंदू कॉन्फ्रेंस में भाषण (बंबई, 5 दिसंबर, 1925)

❋ ❋ ❋

हिंसा

हमें हिंसा और बल-प्रयोग की बात नहीं करनी चाहिए। ऐसी बातें प्राचीन क्षत्रियों के वंशज या मुगलों के वंशज नहीं किया करते। कायर ही ऐसी बातें किया करते हैं। जो

सर्वमान्य आवश्यकता के लिए काम कर रहा है, उसे डरने की कोई बात नहीं है।

—विदेश से भारत वापसी पर स्वागत के अवसर पर
(बंबई, 20 फरवरी, 1920)

❊ ❊ ❊

हिस्सेदारी

यह एक संक्रातिकाल है—मानवता मोड़ पर खड़ी है। क्या हमें नए विश्व के निर्माण में, मानवजाति के पाँचवें भाग के रूप में शक्तिशाली प्राचीन आर्यों के वंशज के रूप में, मुसलिम नेताओं के अनुयायियों के रूप में अपना वैधानिक भाग अदा करना चाहिए या नहीं ? और यदि हमें नए विश्व के निर्माण में अपना भाग अदा करना है तो हमें संगठित कदम उठाने का, एक अडिग कदम उठाने का पूरा प्रयास करना होगा, चाहे कुछ हो जाए।

—स्वदेश वापसी पर स्वागत के उत्तर में भाषण
(बंबई, 20 फरवरी, 1920)

❊ ❊ ❊

विविध

अनुभव ने पूरी तरह सिद्ध कर दिया है कि सरकारों द्वारा विशेष अवसरों पर और आपातकाल में ली गई विविध शक्तियों का उपयोग सरकारों द्वारा सदा ही अन्य उद्देश्यों के लिए किया जाता रहा है। सरकारों में अपने उद्देश्य की पूर्ति के लिए अपने वायदों और प्रतिज्ञाओं को भूल जाने की आदत होती है। पहले व्यक्ति बदलते हैं, फिर परिस्थितियाँ बदल जाती हैं।

—कांग्रेस वर्किंग कमेटी के सदस्यों के लिए पत्र
(लाहौर जेल, फरवरी, 1922)

❊ ❊ ❊

एक कमजोर मानव-प्राणी के लिए सीधा और सच्चा रहने की गुंजाइश नहीं है। पश्चिमी देश इस साधना के सिद्धांत को नहीं मानते। वे अनुशासन में विश्वास करते हैं। परंतु अनुशासन सदैव ही न तप होता है, न ही साधना होता है। इसलिए हम यह देखते हैं कि एक यूरोपवासी, चाहे वह समाजवादी हो या जनवादी, प्रलोभन के विरुद्ध स्वयं को दृढ़ करने की चिंता नहीं करता।

—राइटिंग्स एंड स्पीचेज (भाग-2), पृ. 366-367

❊ ❊ ❊

एक ऐसे साम्राज्य का स्वेच्छापूर्वक अंग बनने के लिए सहमत होने की अपेक्षा मैं व्यक्तिगत रूप से गुलाम होना ज्यादा पसंद करूँगा, जो कि करोड़ों मानव-प्राणियों को

गुलाम बनाकर रखता हो। मैं ऐसे साम्राज्य की जिम्मेदारियों और अधिकारों में भागीदार होना नहीं चाहता।

—अखिल भारतीय कांग्रेस के 35वें अधिवेशन में असहयोग प्रस्ताव पर भाषण (नागपुर, दिसंबर, 1920)

* * *

कोई भी व्यक्ति, जो अपनी स्वार्थपूर्ति में ही लगा रहे, वह वास्तव में महान् या नेक नहीं बन सकता। कोई भी राष्ट्र, जिसके अंग सार्वनिक हित की भावना से रहित हों, महान् नहीं बन सकता। कोई भी व्यक्ति जो यह अनुभव नहीं करता कि परमात्मा के बनाए प्राणियों की सेवा आदमी का सबसे पहला और सबसे पावन कर्तव्य है, सच्चे रूप में धार्मिक नहीं हो सकता।

—अखिल भारतीय आर्यकुमार सम्मेलन में अध्यक्षीय भाषण (सहारनपुर, 18-19 अक्तूबर, 1912)

* * *

जब तक भारत में शासित वर्ग में बिलकुल अलग और भिन्न शासित वर्ग रहेगा, भारत की स्थिति में सुधार की आशा करना व्यर्थ है। मनुष्य आखिरकार मनुष्य ही है, चाहे वह किसी राष्ट्रीयता, धर्म अथवा रंग का क्यों न हो। वह मनुष्य एक फरिश्ता अथवा देवता होगा, जो साधारण मानवीय सीमाओं से ऊपर उठ सके और उस श्रेष्ठ स्थिति का लाभ उठाने से परहेज करे, जिसमें सौभाग्यवश वह रहता है। इसलिए उन निरंकुश तानाशाहों के कारनामों की चर्चा से कोई लाभ नहीं, जो अंग्रेज लोगों के नाम पर भारत की सरकार नौकरशाही की भावना से चला रहे हैं और खून चूस रहे हैं।

—राइटिंग्स एंड स्पीचेज (भाग-1), पृ. 71

* * *

मेरी हमेशा यह राय रही है कि गुलाम जाति के नेताओं का विदेशी सरकार के साथ इस हद तक सहयोग करना कि वह मजबूत, प्रभावशाली और लोकप्रिय बन जाए, गलत है। शासन के विभिन्न विभागों को यदि आप देखें तो फौरन समझ जाएँगे कि भारतीय सहयोग और भारतीय सहायता के बिना शासन एक दिन भी नहीं चल सकता। एक प्रकार से, भारतीय ही देश का शासन चला रहे हैं। परंतु दिशानिर्देशक नीति विदेश की है। वे मालिक हैं और भारतीय साधन मात्र हैं।

—राइटिंग्स एंड स्पीचेज (भाग-2), पृ. 1931

* * *

मैं यह कह देना चाहता हूँ कि मैं ऐसी किसी अराजकता से नहीं डरता, जो इस देश से अंग्रेजों के निकल जाने के बाद आ सकती है। मैं तो बदतर स्थिति के लिए भी तैयार

हूँ। जिन दशाओं में हम रह रहे हैं, उनसे भी बदतर और क्या होगा? कुछ भी अधिक खराब नहीं हो सकता। हम विपत्तियों और कल्पनातीत तपन की निकृष्ट गहराइयों तक पहुँच गए हैं।

—केंद्रीय विधानसभा में भाषण (16 फरवरी, 1928)

❋ ❋ ❋

शस्त्र उठाने तथा चलाने की शक्ति रखनेवाले प्रत्येक पुरुष को रणक्षेत्र में जाने का अधिकार प्राप्त है और देशानुराग की भावना से प्रेरित होकर वह अपनी स्वाधीनता तथा मान-रक्षा के लिए मृत्यु का आलिंगन करने के लिए उद्यत है। यह सत्य है कि ब्रिटिश राजनीतिज्ञों ने हमारे सैनिकों को भी ब्रिटिश सैनिकों के साथ कंधे-से-कंधा भिड़ाकर लड़ने का काम प्रदान किया है, परंतु आखिर ये सैनिक भाड़े के टट्टू नहीं तो और क्या हैं?

—राइटिंग्स एंड स्पीचेज (भाग-1), पृ. 215

❋ ❋ ❋

समाजवादी भी आखिर मनुष्य ही होते हैं, यह सोचना कि केवल समाजवाद में विश्वास करने से ही वे संत बन जाएँगे, गलत है ईसा तक ने कहा था कि हे प्रभु, मुझे प्रलोभन से बचा। भारतीय ऋषियों ने बार-बार कहा है कि मनुष्य को उसके व्यवसाय अथवा विश्वास से नहीं, बल्कि उसके आचरण और कार्य से आँका जाना चाहिए। इसलिए उन्होंने जीवन का यह सिद्धांत बताया कि विश्वासों को अनुशासन और परीक्षा की कसौटी पर कसा जाना चाहिए।

—राइटिंग्स एंड स्पीचेज (भाग-2), पृ. 366-367